S'AIMER AU-DELÀ DES PRÉJUGÉS

HAZERKA & LOUKAKI

Avec la collaboration de Carole Coatsaliou

S'AIMER AU-DELÀ DES PRÉJUGÉS

Michel LAFON

118, avenue Achille-Peretti – CS 70024
92521 Neuilly-sur-Seine Cedex
www.michel-lafon.com

« L'amour n'a point d'âge ; il est toujours naissant. »

Blaise Pascal, *Discours sur les passions de l'amour*, 1652.

Avant-propos

À nos très chers lecteurs, abonnés, notre public, jeune ou moins jeune…

Nous nous sommes toujours dit que l'on pouvait faire un livre de notre histoire. Nous avons connu tellement de rebondissements… L'objectif n'est pas de raconter nos vies ni de nous exposer davantage que nous le faisons déjà. Nous tenions à vous faire passer un message, celui de l'amour, de la tolérance et de l'ouverture d'esprit.

Nous sommes très amoureux, nous croyons l'un en l'autre et, pourtant, on ne nous a pas laissés vivre en paix. Derrière ce « on » se cachent des *haters* qui nous ont menacés, insultés, poursuivis derrière leurs écrans, mais également des personnes qui n'ont pas eu de scrupules à juger notre différence d'âge. Oui, quatorze ans nous séparent, oui, Nathalie a eu une vie de famille avant que nous ne formions un couple, oui, nous sommes des influenceurs… Et alors, cela signifie-t-il que nous n'avons pas le droit de nous aimer ?

À travers cet ouvrage, nous avons à cœur d'ouvrir vos esprits, de vous démontrer à quel point l'amour est puissant. *Loukaki24* et *Hazerka* sont avant tout Nathalie et Marving, une femme et un homme qui s'aiment, au-delà de tous les préjugés.

– 1 –

Mercredi 29 juillet 2020

« Couple en carton », « il pourrait être ton fils », « cougar », « profite avant qu'elle ne te trompe aussi », « lorsqu'il aura bien profité de toi et doublé ses abonnés, il ne sera plus là », « ma mère elle fait ça, je demande l'adoption », « t'as pas honte d'être avec une femme de quarante ans ? »…

C'est dégueulasse, j'en ai la nausée. Comment les gens peuvent-ils être aussi méchants, sans même nous connaître ? Marving et moi voulions juste partager notre bonheur. Nous avons échangé notre premier baiser il y a quatre jours, c'était comme une évidence, pas pour tout le monde visiblement. Est-il interdit de s'aimer quand on a quatorze ans d'écart ? Ou plutôt quand la femme a quatorze ans de plus que son compagnon ? Si cela avait été l'inverse, nous ne serions même pas en train d'en parler aujourd'hui. Il y a encore beaucoup de chemin à faire pour que la femme ait le droit de faire ce qu'elle veut, d'être qui elle veut. Cela me paraît toujours inconcevable à notre époque. Une simple vidéo publiée sur TikTok a déclenché les foudres des rageux. À l'entrée de Disneyland Paris, je m'élance dans les bras de mon amoureux et l'embrasse comme si c'était la première fois, c'était presque la première fois d'ailleurs. Il n'y a que de la joie et de l'amour dans ces images, comment peuvent-elles générer tant de commentaires malsains ? J'ai mal, vraiment, profondément, mais je m'en doutais. Quelques semaines auparavant, alors que j'étais encore mariée, Marving apparaissait sur l'une de mes publications, les commentaires se révélaient déjà tranchants, sans aucune véritable raison, alors oui, je m'attendais à ce déferlement d'avis négatifs, ces jugements infondés. Mais qu'est-ce que cela veut dire ? Que je n'ai pas le droit d'être heureuse ? Que je n'ai pas le droit de partager mon bonheur ?

*

* *

Eh ! non, Nathalie, les gens ne nous en laissent pas le droit ! Ils aiment nous voir réussir, mais moins qu'eux, ils aiment nous voir heureux, mais jamais davantage qu'eux. J'ai déployé toute ma palette d'arguments pour la réconforter. Nous venons de nous mettre ensemble, Nathalie me le dit bien, elle est sur son petit nuage, et moi aussi, mais nous n'échappons pas aux gouttes de pluie. Avec tout ce que j'ai déjà vécu, j'arrive à passer outre, pas elle, même si elle prétend le contraire. À force d'en prendre plein la figure, les insultes commencent à l'atteindre. Nous passons une journée relativement agréable, portés par notre nouvelle idylle, cependant, je vois Nathalie qui ne lâche pas son téléphone. Elle le consulte pendant deux ou trois minutes et reste ensuite un instant les yeux dans le vague. Oui, si on veut vivre notre amour, nous devrons nous battre. Ce 29 juillet nous donne un échantillon de ce que risque d'être notre quotidien.

– Nathalie, laisse tomber. Arrête de lire toutes ces saletés, ça va te miner, tu n'as pas besoin de ça.

– Je ne peux pas m'en empêcher. Mais tu as sûrement raison, je vais désactiver les commentaires et bloquer les gens les plus méchants.

– Non, surtout pas ! Ces gens-là vont l'avoir mauvaise que tu les bloques, ils vont revenir sous de faux profils et ce sera pire. Fais-moi confiance, laisse couler.

Depuis quelques mois que je la connais, je sais qu'elle est impulsive et qu'elle ne m'écoutera pas. J'aimerais tellement la protéger, pourtant. Et puis… Je me pose des questions. Elle a insisté pour que je poste mes premières vidéos sur TikTok, ce réseau social dont on entend tellement parler. Mais était-ce vraiment une bonne idée ? C'est une nouvelle porte ouverte à la haine, à la frustration et à la jalousie de certaines personnes. J'ai envie qu'on oublie ces horreurs au moins le temps d'un repas. Je décide de l'emmener au restaurant et de lui redonner le sourire. Cela fonctionne, je retrouve en elle ce côté pétillant qui me fascine. Elle est si belle, si gentille, je ne veux pas qu'on lui fasse du mal. Nous passons une super soirée mais, au moment de partir, nous jetons machinalement un coup d'œil à nos téléphones respectifs. Je sens que ça va faire mal et qu'on n'a pas fini d'en parler. Je les ai vus, ces nouveaux commentaires haineux, mais je n'avais qu'à observer le visage de ma chérie pour comprendre leur teneur. Je lui demande si elle va bien ; comme à son habitude, elle relève ses grands yeux vers moi et m'adresse son plus beau sourire. Je la prends dans mes bras, la discussion s'arrête là, notre étreinte est bien plus forte que des mots.

*

* *

Cette journée fut épuisante, je suis soulagée d'aller me coucher au côté de Marving. Ses bras me rassurent mais ne me font pas oublier les réactions négatives de tous ces gens. J'ai tout quitté pour vivre mon amour, lui et moi c'est vrai, c'est authentique, pourquoi ça ne l'est pas pour les autres ? Ils se moquent de nous, nous insultent, alors que nous voulions juste exposer notre joie d'être ensemble. Nous savions que cela allait être dur, mais à ce point ? Non, personne n'est prêt à affronter une telle malveillance. Je suis amoureuse, il n'y a aucun doute, mais ai-je eu raison de passer le cap ? Je me suis déjà brouillée avec tant de personnes, je comptais au moins sur le soutien de mes fans. Marving et moi allons-nous y arriver ? Sommes-nous prêts à affronter tant de cruauté chaque jour ? Il ne cesse de me dire que nous allons nous en sortir, que notre amour sera plus fort, mais qui a raison dans cette histoire ? Le public est choqué par notre différence d'âge, quatorze ans d'écart, je conçois que cela peut être beaucoup, mais si c'était l'inverse, si c'était Marving qui était plus âgé que moi, ce serait certainement passé comme une lettre à la poste. Je ne veux pas donner raison à nos détracteurs, évidemment, mais je ne peux m'empêcher de penser… Quand j'aurai cinquante ans, il en aura trente-six, peut-être sera-t-il tenté de me laisser tomber pour une « petite jeune ». Je cogite et je cogite encore, autant de temps perdu avec Marving. Lui ne dit rien, je sais qu'il n'aime pas me voir douter, il a déjà déployé toute sa panoplie de mots réconfortants. Le début d'une idylle n'est pas censé ressembler à cela, nous devrions nous laisser porter doucement par notre amour.

Je me réveille tôt le matin suivant, les yeux fixés au plafond, toutes ces mauvaises pensées me reviennent, puis je me couche sur le côté et je vois Marving, encore endormi, il a l'air d'un ange. Je l'observe de longues minutes et je me dis : « M****, ça vaut le coup quand même ! »

Le sourire me revient, je ne laisserai pas passer ma chance d'être heureuse. Je me lève d'un bond et me dépêche d'aller me préparer, pas question de perdre une minute de cette belle journée avec mon amoureux !

*

* *

Quel bonheur de me réveiller au côté de Nathalie. Il y a encore quelques mois, je ne l'aurais jamais espéré. Elle a l'air en forme ce matin, la nuit lui a fait du bien, les événements de la veille semblent enfin oubliés. J'aimerais tellement qu'elle ne doute plus de ses choix, qu'elle ne doute plus de nous. Personne n'a le droit de nous juger ni de critiquer nos décisions, du moment que nous sommes heureux. Et nous allons être heureux, j'en suis certain. Après tout ce que nous avons vécu, chacun de notre côté, nous avons droit au bonheur et nous le touchons du doigt actuellement. Je m'évertuerai, chaque jour s'il le faut, à faire comprendre à Nathalie que nous devons ignorer tous ces gens frustrés et méchants si nous voulons que notre amour soit plus fort. Et il sera plus fort, je n'ai aucun doute là-dessus.

*

* *

Je mets un grand soin à me maquiller et me coiffer aujourd'hui, pas pour une vidéo TikTok, juste pour Marving. Je veux être belle pour lui, chaque jour que nous passerons ensemble. Je ne veux pas qu'il regrette de m'avoir fait entrer dans sa vie. C'est tout neuf entre nous, impossible de savoir si nous serons assez forts pour passer outre les insultes et les critiques. Je décide toutefois de faire preuve d'optimisme, peut-être que cela se passera bien, après tout. Je l'espère plus que tout. J'ai renoncé à beaucoup de choses pour que nous puissions être ensemble. Quoique… C'était quoi, finalement, ma vie, avant lui ?

– 2 –

Ma vie, elle était à Guénange, exclusivement. J'ai toujours habité dans cette petite ville de Moselle dans le Grand-Est. Mon quotidien était agréable, sans trop de nuages. En réalité, c'était comme si mon existence était toute tracée. J'ai rencontré à l'âge de neuf ans celui qui allait devenir mon mari. Il était un ami de mon grand frère, ils faisaient vrombir leurs mobylettes ensemble dans Guénange, je le voyais régulièrement. Au cours de mon adolescence, nous nous sommes rapprochés, avons appris à nous connaître et nous nous sommes finalement mis en couple lorsque j'avais quinze ans. Qui de mieux que l'ami de mon frère ? Il était une valeur sûre pour moi, forcément. Cependant, cette relation ne plaisait pas vraiment à mes parents – à mon père tout particulièrement. La différence d'âge (eh oui, je n'ai jamais été avec quelqu'un de mon âge !) l'effrayait. Je me souviens de cette phrase qu'il répétait souvent : « Tu crois qu'il va te regarder dans le blanc des yeux ? » Il avait peur pour moi et il craignait de voir sa petite fille grandir. Mais j'étais déterminée, je voulais être avec lui et je dois reconnaître que j'étais également flattée qu'un garçon plus vieux s'intéresse à moi. J'avais eu des petits copains auparavant, mais il ne s'agissait que de flirts, il était mon premier amour, mon premier tout court. Je pense que je n'avais pas les codes pour une relation adulte, lui non plus. Toutefois, notre couple me rendait heureuse, du moins au début. Alors que je n'étais encore qu'une étudiante, lui gagnait déjà sa vie, il avait sa voiture, son propre argent, il m'offrait des cadeaux… J'avais l'impression d'être une princesse. Seule ombre au tableau à cette époque : la méfiance de mon père. Notre relation le rendait malade. Il était sur la route une majeure partie de la semaine pour son travail et avait l'habitude d'appeler ma mère une ou deux fois pour prendre de nos nouvelles et nous donner des siennes. Lorsque je me suis mise en couple, il appelait jusqu'à trois fois par jour pour interroger ma mère sur ma relation. Il n'y croyait pas et avait peur.

Ces conflits familiaux me fatiguaient tellement que j'ai décidé de rompre au bout d'un mois et demi. Cette rupture n'aura duré que quelques heures, je me suis rendue le soir même chez la mère de celui qui allait devenir mon mari pour lui dire que je ne voulais pas que l'on se sépare, que nos parents n'avaient pas à décider de notre vie affective. À partir de là, j'en étais persuadée, notre relation serait solide. Nous passions de très bons moments entre amis ou avec mes frères. Il ne parlait pas beaucoup, certes, mais j'aimais être avec lui, c'était fort. Je me sentais grande, je me sentais libre même si je percevais que quelque chose clochait parfois. Un samedi après-midi, il est venu me chercher pour que nous fassions quelques magasins, inutile de vous préciser que j'ai toujours été passionnée par le shopping. Je m'étais faite belle pour lui, pour moi. J'avais pris le temps de me coiffer, de me maquiller, j'ai enfilé ma minijupe préférée et un top coloré près du corps. Satisfaite de mon reflet dans le miroir et toute guillerette, je l'ai rejoint dans la voiture, il ne partageait visiblement pas ma bonne humeur. Son regard était noir, il ne présentait pas l'ombre d'un sourire, j'aurais pu croire qu'il n'était pas content de me voir. Le trajet se déroulait dans le silence le plus total.

– Qu'y a-t-il ? Tu me fais la tête ? lui demandais-je.

– Il n'y a rien.

Sa voix était aussi grave que son visage était taciturne. Je me demandais ce que j'avais bien pu faire et essayais de me détendre. Notre journée s'annonçait bien, je n'avais pas envie qu'elle soit gâchée. Arrivés devant la galerie commerciale, je lui ai pris la main pour entrer dans le premier magasin. Il ne me parlait toujours pas, il ne me regardait pas non plus. Il semblait à l'affût de quelque chose, il scrutait les clients et balayait nerveusement de son regard les alentours. Je ne comprenais pas encore ce qu'il cherchait ou ce qui le préoccupait. Je n'étais pas très à l'aise mais je poursuivais ma mission shopping sans m'inquiéter outre mesure. Plus les minutes défilaient, plus je le sentais s'impatienter. Je lui montrais les articles que je sélectionnais avec entrain, n'ayant aucune réaction de sa part, je lui demandais son avis, il me répondait à peine. Une véritable tension commençait à s'installer.

– Je peux savoir pourquoi tu es aussi froid et désagréable ?

– Tu me poses vraiment la question ? dit-il, furieux.

– Je ne comprends vraiment pas ce qui t'arrive.

– Tu ne comprends pas ? Tu as vu comment tu es habillée ?

C'était fait, les mots étaient lâchés.

– Non mais sérieux, c'est quoi, cette jupe ? Je suis sûr que tu ne peux même pas te baisser sans qu'on voie ce qu'il y a en dessous.

– C'est une blague ?

– Quoi une blague ? Tu ne vois pas que tout le monde te regarde ? Tu ne vois pas tous ces mecs avec leurs yeux dégueulasses ? Tu cherches quoi, là ? À allumer tout le monde ?

J'étais sous le choc, sidérée par cette colère. C'est comme s'il me traitait de p***. Il connaissait très bien mon style, je soupçonnais même que c'était, entre autres, ce qui lui avait plu chez moi.

– Et tu attends quoi, que je mette un jogging et un col roulé ? Que je me change ?

– C'est exactement ça, je te ramène tout de suite pour que tu ailles te changer !

– Non mais ça ne va pas ? Tu es dingue ?

– Je te confirme, ça me rend dingue de te voir te pavaner devant tout le monde dans cette tenue. Tu imagines ce que je peux ressentir ? Ma nana qui sort à moitié à poil ?

Les larmes me montaient aux yeux. J'ai lâché tous les vêtements que j'avais dans les mains, je n'avais plus le cœur à rien. J'avais honte. Honte de moi, honte de notre dispute devant tout le monde, honte du regard des gens. Je suis sortie du magasin en trombe, je me dirigeai vers la voiture, effectivement, je ne voulais qu'une chose, qu'il me ramène. Pas pour aller me changer, mais pour ne plus le voir. Il marchait derrière moi, j'attendais qu'il ouvre la voiture, mais il prenait son temps. Il avait dit ce qu'il avait à dire, il allait donc mieux, tandis que moi, j'étais au plus mal, j'avais envie d'exploser. Une fois dans l'habitacle, il a essayé d'engager à nouveau la conversation. Je pleurais silencieusement.

– Ne pleure pas, je ne voulais pas m'énerver mais tu dois me comprendre aussi…

Je ne répondais pas.

– Ce n'est pas normal de s'habiller comme ça quand on est en couple.

Je ne lui adressais même pas un regard. Il roulait lentement, sa colère était passée et il voulait certainement que je reste avec lui, mais j'en étais incapable. Lorsque nous sommes arrivés au coin de ma rue, il ralentissait encore, je ne supportais plus d'être dans cette voiture. Enfin, il s'est arrêté, je suis sortie, j'ai claqué la portière, je suis rentrée chez moi et je l'ai laissé là, sans un mot. Je l'ai entendu démarrer en trombe quelques secondes plus tard et je me suis effondrée sur mon lit. J'étais choquée, je crois. Comment pouvait-il me parler comme ça ? Comment pouvait-il se dire qu'il avait le droit de me contrôler ? Je me suis relevée pour me regarder dans la glace, j'étais juste mignonne, pas vulgaire. J'avais du mal à contrôler mes larmes, mon mascara en avait même taché mes vêtements. La vision que j'avais devant moi était affligeante. Je n'aurais jamais cru me mettre dans un tel état pour un mec. Ma mère criait mon nom dans l'escalier, elle était inquiète et voulait savoir ce qui n'allait pas. Je n'avais pas envie de lui répondre, pas à ce moment. J'entendais aussi le téléphone sonner en bas, je me doutais bien que c'était lui, je n'étais pas prête à lui parler. Cette journée qui devait être si gaie s'est finalement écoulée comme ça, entre sanglots et remises en question. Et d'ailleurs… Pourquoi me remettais-je en question ? Je n'avais pas à me reprocher ce que j'étais. Au fil des heures, j'ai repris mes esprits et retrouvé confiance. J'ai parlé de cet épisode à ma mère qui m'a répondu du tac au tac : « Tu n'as pas fini si cela commence de cette manière ! » Je n'y ai pas davantage prêté attention, j'étais désormais prête à me confronter avec lui, à lui parler. En même temps, j'étais bien obligée, il était en bas de chez moi. Je me suis présentée devant lui, droite, forte. Lui, en revanche, n'en menait pas large. Pour une fois, c'est lui qui parlait, pas moi. Il s'est excusé, m'a expliqué qu'il s'en voulait d'avoir réagi de la sorte. Je commençais à baisser les armes, il semblait blessé, on aurait dit un petit chiot qui avait fait une bêtise et ne savait pas comment se faire pardonner. Il m'a dit qu'il s'était emporté par jalousie, qu'il m'aimait tant qu'il n'avait pas supporté le regard d'autres hommes sur moi. Il avait tout simplement peur de me perdre. J'étais attendrie et je n'ai pas pu résister longtemps. Bien sûr qu'il m'aimait, il ne voulait pas me faire du mal, il s'était simplement montré… maladroit. J'ai décidé de faire preuve de tolérance, et puis… sa jalousie prouvait l'amour qu'il me portait. Enfin, c'est ce que je pensais à l'époque, j'arrivais même à en être flattée.

Ce récit peut vous paraître anecdotique, et pourtant, cette mésaventure résume en partie le contenu de ma vie maritale. J'ai cédé ce jour-là… et des centaines d'autres fois après. Dès qu'il faisait son *mea culpa*, qu'il me disait qu'il m'aimait, je fondais, je pardonnais. Je croyais que c'était normal, que jalousie et possessivité faisaient partie intégrante d'une relation et qu'elles étaient une preuve d'amour. J'étais trop jeune et sûrement trop immature pour savoir que je me trompais. Et puis, dès que l'on m'accordait un tant soit peu de tendresse, je m'abandonnais. Il faut dire que notre relation n'était pas composée que de mauvais moments. Jusqu'à mes vingt-trois ans, elle était même relativement correcte. C'était sérieux entre nous. Est ensuite venu le temps des mariages de mes frères, de nos amis, de mon cousin… C'était notre tour. Nous avons décidé de nous marier en 2003. Il n'y a pas eu de réelle demande, cela coulait de source, c'était comme ça. Un an auparavant, nous avions réservé l'église, la salle, j'étais contente d'organiser cette belle journée et de porter une robe somptueuse, c'était un rêve de petite fille. Quelques mois avant le grand jour, nous sommes partis dans les îles Canaries avec mes parents, histoire de prendre un peu de bon temps durant cette période de fiançailles. C'était super… si l'on oublie les quelques incidents qui ont émaillé le séjour. C'est connu, les Espagnols ont le sang chaud, et comme vous pouvez le deviner, je n'allais pas en col roulé à la plage, ce qui m'a valu de nombreuses crises.

« J'ai l'impression que tu es un casse-croûte », voilà ce que j'entendais à longueur de journée. Mon père s'était fait à notre relation, mais son inquiétude perdurait, d'autant plus lorsqu'il assistait à nos disputes.

– Tu es sûre que tu veux te marier avec lui ?

– Oui papa, je sais ce que je fais.

– OK. Je t'aurai prévenue, ma chérie.

Il n'avait de cesse de me mettre en garde. Il voulait tellement voir sa petite fille épanouie, je le rassurais comme je pouvais. Nous nous sommes mariés le 31 mai 2003, mon père a proféré un dernier avertissement lorsqu'il m'a conduite devant l'autel. Alors que j'allais rejoindre mon futur mari, il m'a retenue par le bras et s'est adressé directement à lui.

– Tu as intérêt à la rendre heureuse.

– Oui, je vous le promets.

Cette scène était tendre sur le coup, mais aujourd'hui, elle résonne d'une autre manière dans ma tête. La fête était belle ce jour-là, tout le monde avait l'air heureux et nous avons dansé jusqu'au bout de la nuit.

Je me souviendrai longtemps de ce 1er juin, lendemain de mon mariage. Je me suis réveillée dans notre appartement, avec une boule en travers de la gorge. J'ai traversé le salon, encombré par tous les cadeaux que nous avions reçus, les fleurs, les cartes… Et j'ai fondu en larmes, de véritables sanglots de bébé, incontrôlables. Ce n'étaient pas des larmes de joie, c'était comme si je n'étais plus la même, j'avais changé de nom, j'avais grandi, mais je ne me sentais pas spécialement heureuse. Ma mère me reparle encore de ces larmes aujourd'hui. Que m'était-il arrivé ? Avais-je un pressentiment ? Une prémonition ? Je serais incapable de répondre à cette question aujourd'hui, je pourrais juste dire que ce n'était pas normal de ressentir une telle tristesse le lendemain de son mariage.

Un mariage qui n'était peut-être pas une si bonne idée. Le changement a été radical. Nous nous sommes enfermés dans une routine métro-boulot-dodo. Mon mari rentrait à la maison après le travail, s'installait dans le canapé, une bière à la main, et me posait toujours cette même question : « On mange quoi ? » Un cliché de la vie maritale qui se révélait désespérant pour moi. J'y mettais tout de même du cœur, j'aimais préparer à manger, entretenir mon intérieur tout en prenant toujours soin de moi. Mon travail à la CPAM (Caisse primaire d'assurance maladie) me satisfaisait, je m'entendais bien avec mes collègues et j'appréciais ce que je faisais.

En revanche, lorsque je rentrais chez moi… Les moments de complicité avec mon mari étaient rares. Il se posait devant la télévision, parlait peu et ne faisait pas spécialement d'efforts. C'était comme s'il pensait que la bague au doigt lui permettait de se reposer sur ses acquis, comme si *j'étais acquise.* On ne se surprenait plus, il ne se passait rien, le changement s'est révélé radical. Souvent, je m'installais à côté de lui et lui demandais pourquoi il était comme ça, sans vie, sans entrain, silencieux. Ces discussions nous poussaient régulièrement vers des remises en question profondes de notre couple. Lorsque nous étions au plus mal, nous essayions de relancer la machine en partant en week-end, en particulier dans un petit chalet situé dans les Vosges. Cela fonctionnait sur de courtes périodes, puis le naturel revenait au galop. Je ne crache pas dans la soupe, nous avons passé des moments agréables, mais notre couple était toujours un peu en dents de scie. J'étais jeune et déjà épuisée par la routine.

Environ un an après notre mariage, la vie suivait son cours, monotone, presque triste, à tenter d'enrayer des crises de jalousie engendrées par mon apparence ou ma tenue vestimentaire, car oui, visiblement, tout était ma faute. Toutefois, je ne me laissais plus faire, il m'arrivait de littéralement péter les plombs face aux reproches de mon mari, j'en devenais folle, hystérique. Je pleurais un bon coup puis cela s'arrangeait quelques jours plus tard, avant de repartir en vrille. Un soir de réveillon de Noël, nous avons été invités chez mon frère. C'était un vrai plaisir de le voir, épanoui dans son union et avec un joli projet de maison. La soirée se déroulait dans la joie et la bonne humeur, nous étions toujours heureux de nous retrouver. Sa femme et lui avaient une annonce à nous faire.

– Nous allons avoir un bébé !

Je restai sans voix durant quelques secondes, j'étais tellement heureuse pour eux, j'en pleurais. Ce n'était pas le même son de cloche du côté de mon mari. Lui aussi était sans voix, mais c'était pour ne pas laisser paraître sa mauvaise humeur. Clairement, cette annonce était loin de lui faire plaisir. Sa mine était grave, sa réaction, négative. Que pouvait-il bien se passer dans sa tête ? Cette fois, il ne pouvait pas remettre en cause ma tenue, c'était le réveillon et nous étions en famille. Son problème venait donc bien du fait que mon frère et son épouse allaient avoir un bébé. C'est bien simple, il a fait la tête toute la soirée. Et joyeux Noël bien sûr ! Quelques jours plus tard, il mettait des mots sur son comportement :

– Je veux aussi un bébé.

Le problème, c'est que je n'étais pas prête, je venais d'avoir vingt-cinq ans et j'estimais avoir encore beaucoup de choses à vivre. Voilà, nous avions trouvé un nouveau sujet de tension. Une année plus tard, l'idée commençait enfin à me trotter dans la tête, j'avais moi aussi envie d'avoir un enfant, il fallait juste me donner un peu de temps. J'ai donc arrêté la pilule et je me suis retrouvée enceinte presque aussitôt. Je dois l'avouer, cette période était super. Pas simplement parce que j'assouvissais un besoin de maternité, mais parce que mon mari était aux petits soins. Il touchait mon ventre, collait son oreille dessus, nous étions des futurs parents aux anges, ma grossesse nous a presque… rapprochés. Je pense avec du recul que le fait que je sois enceinte le rassurait, il ne me faisait plus de crises de jalousie, tout allait bien ou presque. J'avais hâte que mon bébé arrive, mais je ne pouvais m'empêcher de me poser des questions. Cette entente dans mon couple allait-elle perdurer après l'accouchement ? S'agissait-il d'une période d'accalmie ou d'un vrai changement sur le long terme ? Je n'allais pas tarder à avoir la réponse.

Mon accouchement s'est passé très vite, de façon relativement fluide, j'étais tellement détendue que j'ai demandé un McDo en pleine salle de travail, nous avons ri lorsqu'on nous a signifié que, évidemment, c'était interdit. Notre fille a finalement pointé le bout de son nez une heure et demie plus tard, le 30 août 2006. L'expulsion s'est révélée difficile, la suite encore pire. Pas de pleurs, pas de gazouillis, la panique. Nous n'entendions pas notre petite fille. Elle s'étouffait après avoir avalé du liquide amniotique. Mon mari n'a pas pu couper le cordon, notre bébé est directement parti dans les bras de la sage-femme. L'attente était insoutenable jusqu'à ce que nous entendions enfin ses cris. Elle était sauvée, mais rien n'était gagné. Les battements de son cœur étant faibles, elle s'est vu transférer au sein du service de néonatologie. Elle y est restée huit jours. Huit jours durant lesquels je devais traverser l'hôpital pour aller voir mon bébé, appuyer sur un Interphone, monter dans un ascenseur et observer de loin ma petite fille à travers un box vitré, au milieu d'autres nourrissons en difficulté. Je pouvais parfois l'approcher et lui donner son biberon, mais je n'attendais que le moment où je pourrais la serrer contre moi et lui montrer tout mon amour. L'équipe médicale me rassurait régulièrement, ma petite mangeait bien et se remettait vite. Mais c'était tellement dur pour moi, jeune maman, de ne pas être avec mon enfant. Je passais des soirées entières à pleurer au téléphone avec mon mari sur cette situation éprouvante, nous tentions de nous réconforter l'un l'autre et étions soudés dans cette épreuve délicate. Au bout d'une semaine, elle m'a enfin rejointe dans ma chambre et nous sommes sorties le surlendemain. La délivrance. Nous lui avons présenté avec joie toutes les pièces de la maison, évidemment nous étions fatigués mais l'organisation était bonne. Nous nous partagions les biberons, les couches, les bains, nous étions de jeunes parents comblés par un bébé adorable. Elle était notre mascotte, nous l'emmenions partout, avons suivi ses premiers pas ensemble. Tout se passait tellement bien que, peu de temps après, nous avons mis en route notre deuxième enfant. Je ne tenais pas à ce qu'il y ait trop d'écart d'âge entre les deux, mission réussie : notre deuxième petite fille est née à peine deux ans et demi plus tard, en février 2009.

Je me sentais si bien avec mes petites filles, elles me donnaient tant d'amour, tant de sourires, j'avais trouvé un réel équilibre grâce à elles et je pensais sincèrement que mon couple aussi. Cette embellie n'aura pas duré bien longtemps, jusqu'à ce que j'aie retrouvé la ligne d'avant ma grossesse, finalement. Je craignais un peu que ma silhouette se métamorphose, il n'en était rien, je me trouvais même mieux, j'étais à l'aise, légère, pétillante, j'avais repris confiance en moi. J'adorais me balader avec mes filles dans leur énorme poussette, elles étaient tellement mignonnes qu'elles attiraient l'attention des personnes que je croisais. Elles aimantaient les regards et j'avais droit à mon petit compliment au passage, les passants me faisaient remarquer que j'étais une très jeune maman, ce n'était pas désagréable et cela regonflait un peu mon ego. Tout ce qu'il ne fallait pas pour mon mari. Je le perdais à nouveau, il redevenait désagréable… Forcément, le quotidien était un peu compliqué, j'avais repris le travail, lui aussi. Je me levais très tôt pour préparer les petites avant de me rendre au bureau, et lorsque je rentrais, une deuxième journée commençait. Chaque maman connaît ça malgré le bonheur que lui procurent ses enfants. En fin d'après-midi, mon mari se levait pour aller travailler de nuit. Nous étions décalés et je payais le prix fort. Il était taciturne pendant la semaine et crevé pendant le week-end.

Un samedi matin, je me suis levée de bonne humeur et ai préparé un bon petit déjeuner pour mes petites filles. L'ambiance était gaie, rieuse, leur père était encore au lit, il récupérait de sa semaine éreintante. Il a fini par se lever, nous a dit bonjour furtivement en se servant son café. Il ne parlait pas tant qu'il ne l'avait pas bu, mais ce n'était pas beaucoup mieux après. Sa tasse à la main, il a quitté la cuisine pour s'installer devant la télévision. Comme d'habitude. Cet écran était devenu un membre à part entière de notre foyer, cela me pesait beaucoup. Je voulais que l'on sorte, que l'on mène des activités différentes, autres que les courses et les corvées, mais il n'entendait pas mes doléances. Nous étions quatre à la maison et je me sentais très seule. Parfois, je tentais de prendre le problème à bras-le-corps.

– Est-ce que tu es heureux avec moi ?

– Qu'est-ce que tu racontes ?

– C'est simple, je te demande si tu es heureux avec moi ?

– Bah oui, qu'est-ce que tu veux que je te dise ?

– Alors si c'est vrai, pourquoi tu es aussi fermé ? Tu ne m'accordes quasiment aucune attention !

– Je sais pas, moi, pourquoi je suis comme ça, ça doit être le travail, c'est tout ! Arrête de te prendre la tête !

– Le travail c'est une chose, on en a besoin pour nourrir nos enfants, on ne peut pas s'en passer. Moi je te parle de ce qu'il se passe à la maison !

En guise de réponse, il augmentait le volume de la télévision. J'avais vraiment l'impression d'être… de n'être rien. Je savais bien que cela n'avait rien à voir avec son travail, son côté jaloux le pourrissait à nouveau. J'avais retrouvé ma ligne, je recommençais à me faire jolie, à prendre soin de moi, il ne le supportait pas. Il se doutait bien que je n'allais pas rester enceinte toute ma vie ! J'avais mes réponses quelques semaines plus tard. Alors qu'il était à nouveau affalé devant son écran un samedi matin, j'allais me préparer, me maquiller, me coiffer… Sait-on jamais, au cas où il aurait eu exceptionnellement envie de sortir… J'ai donc quitté la salle de bains tout apprêtée, vêtue d'un pantalon près du corps et d'un joli décolleté. Je le voyais bien, son regard noir, je le connaissais par cœur, j'attendais la vacherie.

– Tu ne vas pas sortir comme ça ?! me lança-t-il d'un ton agressif.

– Et pourquoi pas ?

– Tu t'es regardée dans la glace ?

– Oui justement. C'est quoi, le problème ?

Nous sentions que la discussion allait partir en cacahuète. Je tentais de me retenir de péter un câble pour préserver mes filles, mais ça devenait trop. Beaucoup trop. Nous nous sommes disputés, je me suis mise à pleurer, les portes ont claqué.

– On ne se comprend pas, tu ne me comprendras jamais. Tu ne me fais que des reproches, c'est juste parce que tu n'es pas heureux, tu fais tout le temps la gueule, je n'en peux plus !

On ne s'est pas adressé un mot pendant plusieurs heures. Puis il est revenu vers moi, l'air penaud.

– Tu te trompes, je te comprends. Je sais que je n'ai pas été cool. Excuse-moi, on va repartir de zéro.

Et on repartait à zéro pendant quelques jours, puis on revenait… de zéro.

– 3 –

– Tout d'abord, je vous remercie d'être venus à moi pour tenter de régler vos problèmes de couple.

Cette psychothérapeute me semblait bien, sympathique, très à l'écoute et investie dans notre histoire. Je sentais toutefois que mon mari n'était pas particulièrement réceptif. Je l'entendais soupirer et le sentais nerveux, comme s'il avait l'impression de perdre son temps. Je savais qu'il aurait préféré être devant sa télévision plutôt que dans ce cabinet, mais les programmes pouvaient bien être vus en *replay* tandis que nous n'aurions pas d'autre chance pour notre couple. Nous abattions là nos dernières cartes. Nous ne nous comprenions vraiment pas et étions sans arrêt en train de nous remettre en question. C'était clair comme de l'eau de roche : nous avions besoin d'aide. Ni lui ni moi ne pouvions nous satisfaire d'une telle situation, et il était hors de question que nos filles continuent à pâtir de nos embrouilles. J'étais attentive à notre thérapeute, je buvais ses paroles comme si la solution à nos problèmes allait sortir de sa bouche.

– Ce que je vous demande est simple. Chacun de votre côté, vous allez écrire dans un carnet les efforts que vous pensez avoir à faire pour améliorer la situation et retrouver une certaine harmonie familiale.

Je ne pouvais m'empêcher de penser que les choses allaient se gâter. Écrire ? Mon mari n'était déjà pas un grand communicant, mais alors écrire les efforts qu'il avait à faire… cela me paraissait insurmontable pour lui. Enfin bon… Je n'allais pas recommencer à lui faire des reproches, sinon on ne s'en sortirait jamais. Fin de la séance. Pleine de bonnes résolutions, j'avais hâte de débriefer avec lui, mais il ne semblait pas d'humeur à discuter.

– Alors qu'est-ce que tu en penses ? Elle est bien, non ?

– Tu veux vraiment que je te dise ?

– Oui, évidemment !

– Eh ! bien, c'est du grand n'importe quoi !

– Pourquoi tu dis ça ?

– Tu nous vois écrire nos problèmes sur des bouts de papier ? Personnellement, je n'ai aucun souci, ma vie me convient très bien !

– Et en ce qui me concerne ? Tu t'es posé la question ? On ne se parle pas sauf pour se disputer, tu ne me regardes quasiment pas, tu fais la gueule ; désolée, mais cette vie-là ne me convient pas du tout. Un mariage, ça se bâtit à deux, donc si l'un n'est pas bien, l'autre doit faire des efforts pour que ça aille mieux !

– Arrête, ce sont des trucs de nana ça, les thérapies et se poser tout le temps des questions.

Bon. Si je ne voulais pas que cela dégénère, il valait mieux que je m'arrête là. J'ai réussi à le traîner dans le cabinet de notre thérapeute encore une ou deux fois, puis c'était terminé. Je ne voyais pas le bout du tunnel. Je souffrais d'un cruel manque d'attention. J'ai toujours été très câline, j'avais besoin de contact et de beaucoup de bisous mais, dès le début, il me repoussait, c'était quelque chose qui l'agaçait. Je me disais qu'il était timide ou pudique, mais il n'en était rien, ce n'était tout simplement pas son truc. Et pourtant, au-delà de quelques mots gentils, il me manquait les actions, les gestes. J'avais besoin de me sentir exister à travers lui, mais je m'abandonnais dans son tourbillon négatif. Lorsque je voyais des couples s'embrasser à la télévision ou devant moi, ma première réaction était « foutaises ». J'étais convaincue que ces « pseudo-amoureux » se mentaient à eux-mêmes. Attention, je n'ai jamais jalousé personne, j'avais simplement la conviction que cet amour débordant n'existait pas dans la vraie vie. J'étais même écœurée de voir ça en face, jusqu'à détourner le regard. Je n'avais décidément pas les bons codes, je pensais que c'était normal de ne pas communiquer dans son couple. C'est moi qui me mentais à moi-même, finalement, car j'avais toujours ce rêve, au fond. Celui de ressembler à mes parents. Ils formaient un couple exemplaire, leur complicité était incroyable, ils avaient des fous rires ensemble, marchaient l'un à côté de l'autre en forêt, ne prenaient jamais leur petit déjeuner l'un sans l'autre, ils partageaient tout, même leurs rendez-vous chez le dentiste ! Ils se parlaient avec respect, avaient des attentions l'un pour l'autre, ils avaient tous les galons du couple idéal, ils étaient meilleurs amis et confidents. J'aurais tellement aimé vivre la même chose. Au lieu de ça, ils me voyaient constamment me disputer avec mon mari. Tout le monde nous voyait d'ailleurs, même avant notre mariage. Je me souviens de cette scène terrible où nous étions invités à l'enterrement de vie de célibataire de mon cousin. Les garçons devaient rejoindre notre groupe de filles au restaurant, une sorte de bar latino. Ils tardaient à arriver, nous nous sommes donc mises à danser entre filles dans une super ambiance. Je n'avais pas remarqué qu'un homme dansait derrière moi en faisant semblant de se frotter, mais il ne m'a pas touchée une seule fois. Mon mari est arrivé avec les autres à ce moment-là, il est devenu fou et a fait un scandale devant tout le monde en me hurlant que je faisais exprès de me dandiner devant lui. Quelle honte ! Même mon frère lui avait vivement conseillé de rentrer plutôt que de se faire remarquer de cette façon. Résultat : c'est ce que nous avons fait. La fête était terminée pour nous. Arrivés à la maison, nous nous sommes couchés chacun de notre côté, moi en larmes. Une fois de plus.

Voilà. C'était le seul type d'attentions auxquelles j'avais droit. C'est une vie, ça, franchement ? La jalousie, la possessivité, c'était plus fort que lui, il imaginait que c'était de l'amour, mais moi, je me sentais rabaissée sans arrêt. Nous étions dans un cercle vicieux puisque j'étais obligée d'en faire des tonnes pour qu'il me remarque. Je me maquillais à outrance, je portais des faux cils, du fard à paupières noir, mes cheveux étaient blond platine, à la limite du blanc, je portais des jupes, des pantalons moulants, j'avais envie de me faire plaisir et, surtout, besoin qu'il me remarque. Finalement, je n'avais droit qu'à des accusations et à un interrogatoire.

– C'est ça, t'as raison, va travailler comme ça ! Il y a des mecs dans ton bureau ? Tu retrouves qui à la machine à café ?

Ma seule solution à ce moment était de me concentrer sur mes filles qui m'apportaient beaucoup de joie au quotidien et, surtout, qui n'altéraient pas mon optimisme. Peut-être qu'avec le temps, les choses finiraient par s'arranger… Je n'y croyais pas vraiment ; toutefois, à cette époque, je pensais ne pas avoir le choix. Je me contentais de mon petit train-train. Les filles grandissaient, s'épanouissaient comme des petites fleurs, et j'aimais ces moments où, à mon retour du travail, on se racontait nos journées, on partageait un petit goûter, on faisait les devoirs, puis on jouait ensemble. Elles prenaient d'assaut la table pour y déverser des tonnes de vernis, de maquillage, et nous nous faisions belles toutes les trois pendant des heures. Venait ensuite le coucher avec les bisous et les câlins, c'était d'une tendresse absolue. Un dernier sourire et je m'octroyais un peu de temps seule avec toujours le même rituel : le replay des *Reines du shopping* ! J'adorais cette émission, comme quoi le shopping m'a toujours poursuivie ! Oui, j'adorais ces instants très girly, doux et joyeux, à l'image de mes filles chéries. Lorsqu'elles ont grandi, leurs occupations ont elles aussi évolué. Elles ont rejoint le réseau social Musically[1], elles se filmaient en train de chanter et de se maquiller, c'était mignon et cela restait très innocent, elles partageaient leurs contenus principalement avec leur cousine. J'avais tout de même moi aussi créé un compte pour pouvoir les surveiller, je guettais tout commentaire malveillant, j'avais si peur qu'elles subissent des moqueries ou des insultes, tout va tellement vite avec les réseaux. C'est donc à ce moment qu'est née *Loukaki24*. Je ne postais absolument rien, j'étais discrète, mais il m'arrivait d'apparaître sur quelques vidéos avec mes filles, nous nous amusions tellement

1. Racheté par TikTok en 2018. (N.d.A.)

toutes les trois ! C'était drôle, bon enfant, des moments privilégiés mère-filles. Jusqu'alors, les réseaux sociaux, ce n'était pas vraiment dans mes habitudes.

– C'est vrai que c'est marrant votre truc, les filles.

– Allez maman, à ton tour de faire une vidéo !

– Vous rigolez, je ne vais pas faire ça à mon âge, c'est pour les ados !

– S'il te plaît maman, vas-y, ce serait trop cool !

Finalement, entraînée par mes filles, j'ai réalisé ma première vidéo. C'était simple, court, on ne voyait que mon visage face à l'objectif, j'avais les yeux fermés et les ai rouverts lorsque la musique a changé de tonalité. En quelques minutes, j'atteignais les vingt *likes*, le palier que mes puces atteignaient généralement. Le lendemain matin, à notre plus grande surprise, ma vidéo avait atteint les quatre mille likes ! C'était dingue, incroyable et j'avoue que je ne comprenais pas pourquoi, je n'avais rien fait de particulier. Les notifications et commentaires continuaient d'affluer, ma nièce m'a même appelée : « Mais comment as-tu fait ? » Je n'avais pas de réponse à cette question, mais je trouvais cela très agréable, c'était grisant et regonflait un peu mon ego fragilisé. En revanche, le revers de la médaille n'a pas tardé à se faire sentir, ce n'était que le début… Certains commentaires étaient très gentils comme « elle ressemble à une poupée », d'autres… mieux valait ne pas s'y attarder. « Elle sort d'une boîte Mattel », « Barbie en plastique », « maquillée comme une voiture volée ». Cela ne me faisait pas grand-chose à cette époque, et puis j'étais flattée de constater le buzz que ma vidéo avait créé. Je me suis retrouvée dans les « tendances » de l'application, j'ai percé sans même savoir pourquoi. Rapidement, j'atteignais les quatre-vingt-quinze mille likes, et cela continuait de monter. Alors, j'ai continué. J'enchaînais les petites vidéos simples, joyeuses, bon enfant. Mon nombre d'abonnés ne cessait d'augmenter. J'étais suivie dans plusieurs pays, notamment en Russie. Certains me comparaient à l'influenceuse et chanteuse américaine Loren Gray ! Cela me faisait beaucoup de bien, j'avais l'impression de compter, enfin, je me sentais exister en dehors du cocon familial, à travers les yeux des gens, j'étais en train d'acquérir une certaine confiance en moi, ce que je ne parvenais pas à obtenir de mon mari.

Cette période d'insouciance a duré quelques mois et en 2018, j'ai perdu mon papa. J'étais sous le choc, extrêmement triste d'abord et… comme anesthésiée. Je ne ressentais plus rien, une partie de mon cœur était meurtrie, décomposée, je n'avais plus le sourire, je l'aimais tant, je me sentais incapable de faire mon deuil. Mes filles me soutenaient beaucoup et tentaient de remettre un peu de joie dans notre foyer. Je n'y arrivais pas. C'était trop dur sans lui, je ne savais plus à quoi me raccrocher. Il m'a fallu plusieurs semaines pour sortir la tête de l'eau, retrouver une place dans la vraie vie, j'avançais petit pas par petit pas. Je devais me concentrer sur autre chose, retrouver un semblant de gaieté, j'avais besoin de quelque chose pour m'animer à nouveau. Poster des vidéos, me mettre en scène m'y ont aidée, et le fait de partager cette activité avec mes filles me faisait sortir de ma torpeur, sans aucun doute. L'espace de quelques secondes, je ne pensais plus à rien et, je dois le reconnaître, j'aimais voir que j'étais aimée, cela me mettait du baume au cœur, même s'il était évident que j'étais encore fragile. Enfin… j'étais aimée… Disons plutôt que j'étais suivie, car certains commentaires d'adolescents frustrés et jaloux à cette période m'ont achevée : « Elle fait quoi la vieille sur Musically ? », et le pire, « T'es retapée de partout, retourne dans ta tombe grand-mère ! » Dans ma tombe ? Étaient-ils sérieux ? Lire de telles choses alors que mon père venait de mourir… J'étais profondément blessée, en colère, ces mots m'ont mise à terre. Comment un être humain pouvait-il cultiver tant de méchanceté ? Comment proférer de telles insultes sans rien connaître de la personne ni de sa vie ?

Sur un coup de tête, je décidai de supprimer toutes mes vidéos, tous mes *posts*, c'était terminé ! Je n'avais aucune envie de nourrir l'aigreur des gens et je ne voulais plus qu'on m'attaque. Malgré tout, j'en étais à cent soixante-dix-neuf mille abonnés. J'avais autorisé mes filles à continuer, pendant que je me tenais éloignée de tout ça. Toutefois, comme je le dis très souvent, le naturel n'a pas tardé à refaire surface. Pendant cette période d'absence des réseaux, je me rendais bien compte que quelque chose me manquait. Musically est alors devenu TikTok, et, moi, je suis devenue plus forte. J'ai eu une sorte de déclic. Pourquoi tout arrêter à cause des critiques ? C'était leur donner raison et, finalement, ce n'était pas juste. J'ai décidé de prendre sur moi et étais satisfaite de voir que cette nouvelle application nous permettait de supprimer les commentaires. (Marving ne serait pas content de m'entendre dire ça, il n'aime pas que je procède de la sorte…)

J'avais retrouvé un équilibre, mon quotidien était bien géré. Lorsque je rentrais du travail, après le goûter et les devoirs, mes filles et moi reprenions nos vidéos. Nous aimions bien faire des LIVE, notamment ce que l'on appelait les « emoji games ». Nous proposions à nos abonnés de répondre au plus vite à nos demandes, par exemple, nous leur demandions de poster l'emoji cœur rouge, le premier à le dégainer gagnait notre abonnement. Parfois, nous installions un pot par terre, si ma fille réussissait à jeter un stylo à l'intérieur, cela voulait dire qu'elle allait réussir son année scolaire. C'était vraiment le bon temps, nous rigolions comme des petites folles et nos abonnés semblaient prendre autant de plaisir que nous. Nous tournions à trois, quatre, cinq voire huit vidéos par jour ! C'était, pour nous, un exutoire et un vrai moment de complicité, nous oubliions les problèmes de la vie quotidienne, cette routine qui avait tendance à nous peser. Autant dire tout de suite que ce loisir ne plaisait pas du tout à mon mari, même s'il allait finalement s'y mettre un peu plus tard… Au fur et à mesure que notre popularité grandissait, certains de ses collègues commençaient eux aussi à me suivre sur TikTok, ils lui faisaient certaines remarques : « Tu as vu la vidéo de ta femme ? », « Elle était en live hier soir ». Ce n'était pas méchant, bien au contraire, mais cela le rendait malade de jalousie. Il prenait tout mal et transformait le positif en négatif. Il se vengeait verbalement : « Tu n'as que ça à foutre ? » Il était extrêmement désagréable et, parfois, ne disait plus un mot. Ambiance… En même temps, il ne s'occupait pas de moi, il fallait bien que je trouve une échappatoire.

Est ensuite arrivé ce que j'appelle « le temps béni du confinement ». Mars 2020 : nous n'avions pas le choix, nous devions rester à la maison, hormis mon mari qui, lui, continuait de travailler et poursuivait son rythme ardu, deux boulots en même temps et travail de nuit. Cette période tournait donc autour de mes filles et de notre adorable chat, Nelson. Nous avons refait la décoration, réorganisé leurs chambres. C'était doux, sans prise de tête, sans contrainte horaire, à tel point que nous étions totalement décalées ! Nous nous couchions tard et mangions à n'importe quelle heure. Nous nous faisions des petits plaisirs, la cuisine, des jeux et… des vidéos bien sûr ! Nous faisions du roller dans l'appartement, nous avons même gonflé et rempli une piscine à l'intérieur ! Que de fous rires ! Conséquence directe : je suis montée à un million cinq cent mille abonnés ! Et tout ça en m'amusant avec les amours de ma vie ! Les commentaires négatifs ne m'atteignaient plus, je les supprimais automatiquement. Cette période d'euphorie s'est poursuivie après le confinement, j'étais en télétravail, je pouvais donc continuer à profiter de mes filles. Nous faisions absolument tout ensemble ! Et nous avions la chance d'avoir un temps merveilleux. Le soleil était revenu dans nos vies, dans tous les sens du terme. J'occultais totalement les disputes avec mon mari, je voulais juste profiter, prendre du bon temps, c'était merveilleux.

Un jour de juin 2020, je décidai d'emmener mes filles au fast-food. Un petit plaisir de temps en temps, cela ne pouvait pas nous faire de mal. Mon téléphone a sonné alors que nous étions en train de passer la commande. J'avais un message vocal *via* Instagram. Il s'agissait d'un homme prénommé Hazerka, son compte était certifié. J'en parlais immédiatement à mes filles, mes meilleures amies, leur faisant part de ma méfiance.

– Ne te prends pas la tête, maman, que veux-tu qu'il t'arrive ? Tu peux au moins écouter son message et lui répondre !

– Vous êtes sûres ? C'est bizarre quand même, non ?

Elles sont finalement parvenues à me convaincre… à moitié. Je lui ai brièvement répondu : « Je suis au McDo avec mes filles, je te recontacterai plus tard. » Oui, plus tard… Bien plus tard… Je ne dirais pas que j'avais oublié, mais je ne savais pas quoi en penser. Ce n'était pas mon genre de communiquer directement et en privé avec mes abonnés. Sa prise de contact me trottait dans la tête, mais je ne savais trop quoi lui dire… Pourquoi s'intéressait-il à moi ? Il avait beaucoup d'abonnés, lui aussi, je ne comprenais pas ce qu'il cherchait. Et puis… je me disais que cela ne plairait pas trop à mon mari, déjà qu'il ne supportait pas mes vidéos… Pour autant, je le sentais… Je devais lui répondre. Pourquoi ? Je ne le saurais que bien plus tard…

– 4 –

« Elle est… incroyable ! C'est dingue, cette femme me fascine. Il faudrait que je la contacte, je ne vois qu'elle ! Non, ce n'est peut-être pas une bonne idée, je ne la connais absolument pas. »

Je me posais tellement de questions à cette époque. Nous étions en plein confinement quand j'ai découvert la beauté de Nathalie. Elle irradiait tout simplement. Je venais tout juste de créer mon compte TikTok, elle apparaissait au moins dans une vidéo sur cinq ! *Loukaki24* faisait presque partie de mon quotidien avec ces vidéos optimistes, joyeuses et rafraîchissantes. Je me suis inscrit sur TikTok pour être au goût du jour ou pour passer le temps, je ne sais pas trop. Pourtant, je n'avais pas forcément le loisir de m'ennuyer, je travaillais sur mon premier livre, axé sur le harcèlement scolaire dont j'ai été victime. On pouvait se dire que c'était loin tout ça, mais non, j'étais encore profondément marqué par mon enfance et mon adolescence. Ironie du sort, c'était d'ailleurs ce qui avait lancé ma carrière… Mon cauchemar a commencé quand j'avais sept ans. Mes parents ont divorcé, cela aurait pu se passer convenablement, mais ce fut tout le contraire. Mon père nous a mis à la porte ma mère et moi avec, pour seuls bagages, un sac de jouets et un autre de vêtements. Nous avons dormi dans la voiture puis dans un garage aménagé. Ma mère tenait le coup pour moi, elle travaillait dans un petit magasin de chaussures, la vie était dure, mais nous sommes parvenus à nous reconstruire différemment. Pendant ce temps-là, mon père… Je ne savais absolument pas ce qu'il faisait, je suis resté longtemps sans le voir jusqu'à ce qu'une sorte de garde alternée se mette en place. C'était affreux, j'étais forcé de le voir, de passer du temps avec lui alors qu'il s'occupait à peine de moi, trop préoccupé par ses différentes conquêtes. Il y a eu d'abord cette gérante d'une pizzeria, où je dormais à même le sol dans la cuisine entre une friteuse et un four à pizza. Je crois que je préférais le carrelage à la chambre, lorsqu'un lit m'a enfin été accordé au grenier, j'entendais leurs ébats. Cette relation n'a pas duré longtemps, il s'est ensuite casé avec une championne de taekwondo qui n'a pas hésité à me démontrer ses talents lorsque j'ai fait tomber une de ses poteries par terre, elle m'a giflé. Avec elle non plus, cela n'a pas duré, il enchaînait les aventures, ses copines avaient souvent des enfants qui étaient prioritaires. Moi, je n'étais que la cinquième roue du carrosse, je voulais juste faire bonne figure et je pensais que faire passer les autres avant moi me ferait gagner des points. Je me mettais évidemment le doigt dans l'œil. Mes moments de plaisir, je les partageais exclusivement avec ma mère ou lorsque je jouais au football. J'ai intégré un centre de formation alors que je n'étais qu'en sixième, je me débrouillais bien, j'aurais sûrement pu continuer et en vivre s'il n'y avait pas eu l'école. J'étais le « petit nouveau » boutonneux. On m'appelait « la calculatrice » ou Harry Potter. J'allais en cours la boule au ventre, certains élèves tentaient de m'empêcher de manger à la cantine ; si je transgressais leurs règles, ils vidaient des brocs d'eau dans mon assiette. Après cela, ce fut un enchaînement. Si je voulais un minimum de tranquillité, je devais leur apporter de l'argent ou des cigarettes. Je volais ma mère et mon beau-père pour retarder l'échéance des coups, jusqu'au jour où c'est allé beaucoup trop loin. J'étais en troisième et, en arrivant au collège ce jour-là, je ne m'attendais pas à une telle violence. J'ai croisé le regard noir de mon bourreau et j'ai compris que j'allais y passer. Il m'a asséné des coups de crampons, j'étais au sol sans défense et sans force. J'attendais que cela s'arrête, cela me paraissait interminable. Puis, la douleur. Mon coude était remonté à dix centimètres de mon épaule, j'ai été opéré en urgence, il m'a fallu trente-deux points de suture, une longue rééducation, mais ce n'était pas tout. Le foot, mon échappatoire, c'était fini pour moi. La vie sociale aussi. J'avais peur de tout, je voyais des harceleurs partout, je ne voulais plus voir personne mis à part un psychiatre, mais rien ne me soulageait. J'ai compris que cette douleur morale ne passerait pas, je devais apprendre à vivre avec et, pourquoi pas, à l'utiliser. Je me suis donc mis à écrire, à faire de la musique, seul moyen pour moi d'extérioriser mon mal-être et de parler de ma solitude. En 2014, j'ai sorti mon premier titre, le succès ne s'est pas fait attendre, ma musique a atteint en quelques semaines trois millions de vues sur les réseaux, et tout s'est enchaîné. Cet engouement n'a pas échappé à l'Éducation nationale qui m'a contacté pour me demander de parler de mon histoire dans les établissements scolaires. Je me sentais investi d'une véritable mission : faire en sorte que le harcèlement ne soit plus un tabou dans les écoles et que victimes et témoins brisent enfin le silence.

J'étais fier de mon parcours, de la manière dont j'avais su rebondir, pour autant, je ne me sentais pas véritablement heureux. Je souriais, je sortais, j'avais des projets, je voyais du monde, mais il y avait toujours ce vide à l'intérieur de moi. Je m'enivrais d'activités pour ne pas trop penser. Je me rendais très régulièrement à Paris, j'y passais la journée, je travaillais sur ma musique et je rentrais chez moi dans l'Oise quand il était l'heure de se coucher. Se fatiguer, s'user puis se laisser glisser dans le sommeil pour ne plus cogiter. J'avais déjà eu une enfance compliquée, une adolescence difficile et je souffrais à présent d'une rupture. J'en étais pourtant à l'initiative, je devenais dingue, je me sentais malmené, enfermé dans les crises et la colère. Rompre aurait dû être une libération, mais c'est une autre forme de harcèlement qui s'est mise en marche. Cette femme a monté beaucoup de monde contre moi. Par le biais des réseaux sociaux, elle s'est construit une petite armée pour me nuire, m'insulter, dire des choses atroces sur moi. Ce n'est pas ce qu'elle a fait de pire, elle avait littéralement détruit ma foi en l'amour, et ça, je pensais que c'était irrémédiable. Cette déception, cette méchanceté m'avaient rongé de l'intérieur, j'étais aigri et sans espoir. Mon seul vrai lien avec l'extérieur, la vie sociale, c'étaient les réseaux sociaux, mais ils me faisaient autant mal qu'ils m'étaient utiles. J'y faisais la promotion de mes titres, sans grande conviction car la musique n'était pas ma vocation première et je pensais quitter ce milieu. Je ne savais plus qui j'étais, pour quoi j'étais fait, j'aurais aimé trouver quelque chose qui m'anime, qui m'apporte de la joie, qui me sorte de cette dépression, des médicaments. Je pleurais sans cesse, aveuglé par une tristesse dont je ne connaissais pas la véritable origine, je me laissais sombrer, petit à petit. Je ne mangeais plus ou presque rien, je restais cloué au lit à broyer du noir. Mes amis me rendaient visite, ma mère aussi, je voyais bien mes proches s'inquiéter pour moi, je ne voulais pas leur faire de la peine ou leur créer des soucis, mais je n'avais plus l'énergie pour donner le change. J'étais incapable de faire semblant d'aller bien, cela me réclamait un effort surhumain. J'étais… Fatigué.

Et puis… Un jour de printemps 2020, je l'ai vue. *Loukaki24*. J'étais subjugué par son allure, sa prestance, son sourire. Je ne la connaissais pas, mais elle apportait un peu de douceur dans mon monde si sombre, comme une petite étoile dans ma nuit. Sa complicité avec ses filles, ses vidéos avec son mari, je trouvais cette femme adorable. Malgré tout, je constatais qu'elle était moquée, critiquée. C'était impensable, que pouvait-on lui reprocher, franchement ? J'avais un besoin irrépressible de lui parler, de lui faire part de tout mon soutien, de mon admiration. C'était inexplicable, je devais le faire. Ma démarche était dénuée de toute arrière-pensée, ce n'était pas une technique de drague ou de séduction, loin de là, il ne s'agissait pas d'un *crush* mais d'une sorte de connexion. Moi qui ne communiquais plus avec personne, je suis finalement tout naturellement entré en contact avec elle. Enfin… c'était plutôt un contact à sens unique, à cet l'instant. D'ailleurs, je ne m'attendais pas forcément qu'elle me réponde… Elle avait tant d'abonnés, elle avait sûrement autre chose à faire que de leur répondre. Je guettais toutefois mon téléphone au cas où…

*

* *

– Les filles ! Je viens de recevoir un message bizarre, il provient d'un compte certifié !

– Fais voir !

– C'est un message vocal, il s'appelle Haz.

– Mouais… Comme par hasard, c'est un mec ! Je me méfierais à ta place.

Je ne saurais dire pourquoi, ce message vocal m'avait plus interpellée que les autres. Peut-être justement parce qu'il s'agissait d'un compte certifié ? Non, il y avait autre chose. J'avais envie de prendre le temps de l'écouter et, là, ce n'était pas l'idéal, j'étais en vadrouille avec mes filles et ma nièce. J'ai donc décidé de lui répondre brièvement, par politesse.

« Je suis au drive du McDo, je te réponds dès que je peux. »

Arrivées au parc, nous nous sommes tranquillement posées au soleil pour engouffrer nos menus. C'est le moment que j'ai choisi pour écouter le message de Haz… enfin… Marving. Il me disait qu'il aimait ce que je faisais et qu'il me soutenait. C'était vraiment très gentil, j'étais touchée, sincèrement. Et puis... J'ai adoré sa voix, elle transpirait la bienveillance. J'étais intriguée, ce message ne cessait de trotter dans ma tête. Cette gentillesse spontanée me faisait du bien. Je lui ai donc répondu avec enthousiasme, ne serait-ce que pour le remercier de son attention. Très rapidement, un dialogue s'est engagé entre nous, il m'a demandé mon numéro pour que nous échangions par l'intermédiaire de WhatsApp. Nous avons commencé à nous appeler régulièrement, je trouvais qu'il s'exprimait très bien, son vocabulaire était riche, son ton posé, il était apaisant et me donnait naturellement envie de me confier. Il faut dire que je n'avais pas vraiment d'amis. Mon entourage était essentiellement composé de ma famille, mes frères, mes belles-sœurs, je n'avais qu'une seule véritable amie, nous nous connaissions depuis la maternelle. Au-delà de ça, mes vraies copines étaient mes filles, dans la limite du possible, bien sûr, je ne pouvais évidemment pas tout leur dire, surtout à cette époque où ma relation avec leur père se révélait si compliquée. Avec Marving, tout semblait simple. Au début, nous parlions essentiellement de TikTok ou des réseaux sociaux en général, mais il a tout de suite compris que j'en avais gros sur le cœur. Je me suis livrée à lui comme s'il était mon ami depuis toujours. Nous nous appelions parfois plusieurs fois par jour et systématiquement lors de ma pause déjeuner. Les premiers cœurs commençaient à fleurir dans nos messages.

*

* *

Elle m'envoyait des cœurs pour clore nos conversations par messages et je prenais plaisir à lui répondre. La première fois que je l'ai entendue, j'ai craqué pour sa petite voix aiguë et je lui trouvais un tel charisme… Elle n'était pas comme les autres. Je sentais qu'il se passait quelque chose, qu'elle avait un besoin énorme de parler. Elle évoquait les problèmes de communication avec son mari, leurs disputes, cela me faisait mal au cœur, j'aurais aimé que ses soucis s'arrangent. Je l'aiguillais comme je pouvais, je faisais tout pour être à son écoute, je voulais qu'elle sache que j'étais là et je la sentais heureuse de discuter avec moi, elle était si joyeuse quand je décrochais.

*
* *

Il était comme mon ange gardien, c'est d'ailleurs le surnom dont je l'avais affublé. Il est certainement arrivé dans ma vie au moment où j'en avais le plus besoin et je me suis laissée aller aux confidences. Ça n'allait pas avec mon mari, j'avais l'impression d'avoir fait le tour de notre relation en vingt ans, j'en avais assez de nos prises de tête et je ne me sentais pas aimée. Avec Marving, nous nous envoyions sans cesse des messages et j'adorais cela. Mon mari n'y voyait pas particulièrement d'inconvénients, entre Marving et moi, c'était purement amical, déjà fort, mais amical. Il n'était pas inquiet au vu de notre différence d'âge, Marving était « un petit jeune » des réseaux sociaux. L'idée qu'il s'en faisait m'arrangeait bien, je n'aurais pas voulu perdre la liberté d'échanger avec mon ami. Je sentais tout de même qu'il se passait quelque chose de spécial. Je suis allée voir ses photos sur Instagram, je le trouvais beau, il n'était pas un Monsieur-Tout-le-monde, il avait un style bien à lui, j'aimais bien son allure et ses petites lunettes. Je commençais sérieusement à m'attacher, même si je n'envisageais rien avec lui. J'étais mariée et puis… cette différence d'âge. Je craignais qu'il me pose LA question, elle est vite arrivée, par message.

« Et au fait, tu as quel âge ? »

« Trente-cinq ans. »

« Oh ! ça va, moi j'en ai vingt-sept. »

Pourquoi « Oh ! ça va », qu'est-ce qu'il voulait dire par là ? Que j'étais plus âgée, mais que ce n'était pas catastrophique ? Je ne savais pas trop comment le prendre mais je me disais que j'avais bien fait de mentir ! Nous avons continué de nous rapprocher par téléphone interposé. Trois jours plus tard, je me sentais prise de remords. Je ne pouvais pas mentir à mon ami, ce n'était pas sain. Je préférais qu'il sache la vérité, quitte à ce que nos échanges s'arrêtent.

« Marving, j'ai quelque chose à te dire. »

« Comment ça ? »

« Je n'ai pas trente-cinq ans, j'en ai quarante. »

L'attente de sa réponse fut interminable. D'un coup, je maudissais la technologie des applications pour smartphone nous indiquant que l'autre est en train de nous écrire. Une minute, deux minutes, cinq minutes et toujours cette notification « … est en train d'écrire ». J'avais peur de sa réaction. Soudain, la réponse.

« Ça va, tu ne les fais pas. »

Je respirais, c'était un réel soulagement.

« Je suis quand même beaucoup plus âgée que toi. »

« Ça ne me dérange pas. »

*
* *

Comment pouvait-elle croire que son âge aurait fait une différence ? Il était clair que nous nous attachions l'un à l'autre. Je ne savais pas réellement ce que cela voulait dire mais Nathalie me plaisait comme elle était. Si elle avait eu cinq ans de plus ou de moins, c'était la même chose. Je l'avais visiblement rassurée sur ce point car, dès lors, elle s'est complètement lâchée. Elle m'appelait « mon ange », « mon chaton », elle ne cachait plus son affection, et j'aimais ça. Je ne lâchais pas mon téléphone, je guettais ses messages, ses appels, ses attentions. Je savais qu'elle faisait la même chose puisqu'elle s'inquiétait lorsque je ne répondais pas assez vite. Je me voilais la face pour ne pas avoir à assumer mes sentiments, elle était mariée, c'était impossible. Et pourtant, entre deux appels ou deux messages, elle me manquait, je ne pouvais plus le nier. Les jours passant, nous devenions de plus en plus complices. Qu'était-il en train de se passer entre nous ? Je crois que même Nathalie n'avait pas la réponse. Il fallait que l'on se rencontre pour… savoir. En tout cas, moi, j'en avais besoin. Il n'était pas question pour moi de la séparer de son mari, au contraire, mais je devais comprendre la nature de notre relation. Pour moi, pour y voir plus clair. Était-elle une amie ? Une sœur ? Mon âme sœur ?

*

* *

Devais-je vraiment le voir ? N'était-ce pas dangereux ? Pour moi, le mariage était sacré, je ne pouvais pas penser à un autre homme. Il faut dire que, normalement, je n'en avais pas le temps. Et pourtant… J'ai réussi à en trouver pour échanger avec Marving. Il fallait absolument que j'arrête de me poser toutes ces questions, j'étais en train de me retourner le cerveau parce que, justement, c'était mon cœur qui était retourné. Je me suis forcée à prendre les choses comme elles venaient, naturellement, avec légèreté, mais il était clair que je pensais tout le temps à Marving. J'avais des journées très chargées entre mes filles, le travail, mes vidéos, je faisais tout mon possible pour le sortir de mon esprit, en vain. Était-il un ami ? Un frère ? Mon âme sœur ?

Une seule solution : nous devions nous voir pour mettre les choses au clair dans nos têtes. Pourquoi pas à Paris avec mon mari et les filles ? Rien de tel qu'une sortie familiale et amicale pour dissiper tout malentendu. Et j'avais très envie que Marving et mon mari se rencontrent. Celui qui me comprenait face à celui qui ne me comprenait pas. Ce serait peut-être bénéfique pour mon mariage. Marving savait trouver les mots pour me rassurer, me valoriser, m'encourager, et il n'avait pas la langue dans sa poche, il y avait des chances qu'il parvienne à lui faire entendre raison… Nous avons décidé d'organiser cette journée dans la capitale au mois de juillet. J'étais excitée à cette idée et, en même temps, j'appréhendais cette rencontre. Qu'allait-il se passer ? Comment allions-nous réagir ? Serions-nous déçus de nous voir en face ?

*

*   *

Nathalie m'a proposé de passer une journée à Paris avec sa petite famille. J'ai immédiatement accepté. L'idée de la voir me procurait beaucoup de joie, elle déclenchait aussi une avalanche de questions. J'avais inconsciemment peur de craquer, de succomber à son charme. Je ne voulais pas briser une famille… En même temps, c'était un peu prétentieux de ma part d'envisager ce genre de scénario. Peut-être que je n'allais pas lui plaire, pire, elle pouvait être déçue. Et son mari, n'allait-il pas mal le prendre ? Et si c'était tendu entre nous ? J'avais cru comprendre qu'il se montrait plutôt jaloux avec Nathalie. Malgré notre différence d'âge, me voyait-il comme une menace ? Peu importaient mes questionnements, si je voulais des réponses, nous devions nous rencontrer, un point c'est tout. Je n'avais qu'à prendre mon courage à deux mains, j'irais avec mon meilleur ami afin d'être rassuré et soutenu.

*

* *

Mon mari et mes filles semblaient plutôt enjoués d'aller à Paris pour rencontrer Marving et passer du bon temps. Ils n'ont émis aucune objection. Cela me confortait dans l'idée qu'il n'y avait pas d'arrière-pensée dans l'organisation de cette journée, ce n'était ni plus ni moins qu'un rendez-vous familial et amical. En tout cas, tout le monde semblait l'envisager comme tel. Toutefois, je me sentais différente, plus adulte, moins dépendante, prête à me libérer de mes chaînes, peut-être même un poil plus égoïste. Je n'avais pas vraiment pensé à moi pendant les quarante premières années de ma vie, je sentais qu'il était temps d'écouter mes envies. Et j'avais envie d'aller à Paris…

– 5 –

Vendredi 10 juillet 2020

C'était le grand jour, nous quittions Guénange direction la capitale. L'ambiance était bonne dans la voiture, les filles étaient ravies et mon mari semblait relativement détendu. Nous chantions à tue-tête, nous aurions pu croire à un départ en vacances. Nous avions préparé un programme très agréable : tour Eiffel, Champs-Élysées, soleil parisien. J'avais tout de même une légère boule au ventre. Je regardais les kilomètres qui défilaient sur le GPS, ceux qui me rapprochaient de Marving. Après des centaines de messages et des heures au téléphone, j'allais le voir, en vrai. Avant cela, nous avions trois bonnes heures de route, c'était long, très long… Nous nous sommes donné rendez-vous à la gare du Nord, c'était plus simple pour nous retrouver et pour nous garer. J'ai cru comprendre que Marving nous rejoindrait avec son meilleur ami, j'espérais qu'il serait sympa. J'avais toujours entendu dire : « On a les amis que l'on mérite », alors je n'avais pas trop de doute sur le fait que j'allais bien m'entendre avec lui aussi. Et je trouvais bien que nous nous retrouvions si nombreux, cela dédramatisait un peu notre première rencontre.

Nous entrions enfin dans le parking souterrain de la gare. J'avais du mal à trouver du réseau pour prévenir Marving de notre arrivée. Mes mains tremblaient sur mon téléphone. Nous avons pris l'ascenseur, au fur et à mesure que la cabine gravissait les étages, mon cœur battait de plus en vite. Arrivés sur le parvis de la gare du Nord, je parvenais enfin à envoyer un message à Marving. Il nous attendait quelques mètres plus loin. J'essayais de ne pas marcher trop vite pour cacher au minimum mon excitation. Il y avait une légère brise et il faisait doux, mais le temps était un peu gris pour un mois de juillet. De toute manière, la météo à cet instant précis était le cadet de mes soucis ! J'avançais en direction de mon *ange gardien*… Soudain, la foule devant nous s'est dispersée et je l'ai vu, il semblait calme, il était en train de discuter avec son ami devant une bijouterie. J'avais une sensation étrange, comme des papillons en train de virevolter dans mon ventre. Je ralentissais encore mon pas pour l'observer tranquillement et pour qu'il m'aperçoive avant que j'arrive à sa hauteur. Même d'ici, j'aimais ce qu'il dégageait, je sentais un sourire s'inscrire naturellement sur mon visage.

*
* *

« On est là ! »

Quand j'ai reçu ce message de Nathalie, mon cœur s'est emballé. Je regardais partout autour de moi, il ne m'a fallu que deux secondes pour la repérer au loin. J'étais subjugué.

– Oh ! là, là ! elle est trop belle, c'est pas possible ! dis-je à mon ami Sébastien.

Je n'avais aucun doute sur sa beauté, mais on ne peut nier que, sur les réseaux, il y a quand même de sacrées arnaques, à cause des filtres entre autres. Pour Nathalie, il n'y avait pas de surprise, elle était encore plus belle en vrai. Je souriais de façon incontrôlable jusqu'à ce qu'elle arrive à moi. La voir me faisait le même effet que de l'avoir au téléphone, mon cœur était en joie… Non, c'était encore plus fort en fait. Elle est arrivée devant nous avec sa petite famille, je faisais bien attention à ne pas regarder qu'elle, mais j'étais dans un état second. J'étais rassuré, elle n'avait pas l'air d'être particulièrement déçue en me voyant, c'est ce dont j'avais l'impression en tout cas, cela vaudrait le coup de le lui demander plus tard… Elle était aussi joyeuse qu'à son habitude, pleine d'entrain et de dynamisme pour débuter cette journée parisienne.

– J'ai faim, ça vous dit d'aller manger ?

Elle savait ce qu'elle voulait ! Elle était un vrai moteur pour notre petit groupe de six. Nous nous sommes mis à marcher tous ensemble vers un restaurant tout proche. Nathalie restait à ma hauteur pour discuter, c'était comme si nous nous connaissions depuis dix ans ! Elle m'a fait remarquer que nous étions habillés de la même manière : un pantalon blanc et un haut noir. Son sourire me désarmait totalement, mais je ne laissai rien paraître. Sur les trottoirs étroits de Paris, nous étions parfois obligés de nous rapprocher, je la sentais frôler mon épaule, c'était sûr, il se passait quelque chose. Probablement effrayée par cette idée, je voyais Nathalie adapter le rythme de sa marche, tantôt pour être près de son mari, tantôt pour rejoindre ses filles. Je remarquais bien qu'elle évitait d'être trop proche de moi, mais elle agissait avec beaucoup de diplomatie. Elle entamait des discussions animées, notamment avec mon meilleur ami, j'étais ravi de voir qu'ils s'entendaient aussi bien.

*

* *

J'ai adoré cette petite marche entre la gare et le restaurant… C'était la marche de la rencontre ! Je refusais de penser à Marving de cette manière, mais je devais bien reconnaître qu'il avait tout ce qui me plaisait. Il était beau, gentil, intelligent, souriant, et son rire… Son rire me faisait craquer ! Il était vrai et tellement communicatif ! La complicité était au rendez-vous, c'était clair, mais je faisais en sorte d'être prudente, je sentais mon mari légèrement sur la défensive et quelque peu tendu de temps à autre de constater que nous nous entendions aussi bien. On pouvait dire que je ménageais la chèvre et le chou… Lorsque nous sommes entrés dans le restaurant est arrivé le moment compliqué du plan de table. Qui s'installe où ? J'ai pris les devants pour éviter tout malentendu, c'était mon rôle, étant donné que j'étais l'initiatrice de cette journée. Je me suis installée entre mon mari et mes filles. Marving était presque en face de moi. Je voulais éviter son regard, de peur que ce ne soit trop profond, mais je n'y arrivais pas. C'est pour cette raison que nous avons fait beaucoup d'humour, pas question de mettre sur la table des sujets susceptibles de laisser transparaître une quelconque émotion. Nous avons rapidement passé commande, du poulet façon thaïe pour moi, je voulais quelque chose de léger, mon ventre était noué. Quant à Marving, il a opté pour un steak tartare, notre première rencontre ne lui avait visiblement pas coupé l'appétit ! Le déjeuner était gai, plein de rires, tout le monde était très détendu. Et moi j'étais troublée. Dès que Marving s'adressait à moi, je me sentais intimidée, j'avais même peur de rougir, je réagissais donc avec excès pour donner le change, je parlais davantage, je riais plus fort, je ne savais pas toujours quel comportement adopter pour ne rien montrer. Nous parlions de choses et d'autres, mais cette manière de nous regarder ne trompait pas. Les regards ne mentent pas. Ce qu'il se passait entre nous était comme une réaction chimique, mais imperceptible pour les autres. J'aurais tellement aimé savoir ce qu'il pensait en ce moment précis. Je secouais la tête, parfois, pour chasser ces idées, mais elles revenaient au galop. Il était temps que nous sortions de là, ou j'allais définitivement craquer ! Pas de dessert, pas de café, tant mieux ! Heureusement que j'avais établi un programme, cela me donnait un prétexte pour inciter tout ce petit monde à bouger ! Nous nous sommes rendus aux abords de la tour Eiffel. Je n'avais pas mis les pieds à Paris depuis des années, je crois bien que j'étais encore à l'école primaire ! La Dame de fer était toujours aussi belle et majestueuse. Elle trônait, là, en face de nous, comme si le temps n'avait aucun impact sur elle. Je me demandais combien d'amoureux elle avait pu voir, combien de couples s'étaient formés à ses pieds, et elle restait spectatrice de tout ça, imposant sa force tranquille. Le soleil était enfin apparu, le ciel était clair, c'était très agréable, et j'avais envie de me souvenir de ce moment. Nous avons abordé un vendeur à la sauvette, non pour lui acheter une tour Eiffel miniature mais pour lui demander de nous prendre en photo, tous ensemble, on aurait dit un tableau de famille. Je parlais un peu moins avec Marving cet après-midi, j'avais surtout envie de l'observer. J'aimais sa manière d'être. Il était avenant et discutait beaucoup, en particulier avec mon mari. Nous avons poursuivi notre aventure parisienne du côté des Galeries Lafayette où nous nous sommes offert une boisson rafraîchissante à base de fruits pressés, je me suis d'ailleurs dit que mon citron devait contenir de l'or au prix où nous l'avons payé ! Nous ne pouvions pas repartir sans faire un tour sur les Champs-Élysées, c'était épique ! Marving s'est payé un délire avec mes filles : un trip en trottinette ! Qu'ils me faisaient rire tous les trois ! En les regardant, je me disais que c'était vraiment une journée parfaite. Rires, soleil et légèreté. Marving m'a ensuite proposé de monter avec lui sur une trottinette, je sentais sa chaleur, son odeur… C'était… perturbant ! Mais j'étais bien, je lâchais enfin prise. Mon mari aussi commençait à se détendre un peu, il appréciait Marving. Je les ai surpris à parler tous les deux un long moment. Marving le regardait droit dans les yeux, la discussion semblait animée mais bienveillante. Ils s'écoutaient attentivement l'un et l'autre, j'étais à peu près sûre que Marving était en train de plaider ma cause. J'avais l'impression qu'il me connaissait par cœur, c'était si touchant. À la fin de leur conversation, Marving a tourné les talons et j'ai surpris mon mari à me regarder avec une attention plus affirmée que d'habitude, une certaine douceur aussi. La journée a été riche, il était à présent temps de repartir, chacun chez soi. J'appréhendais ce moment, mais il s'est montré révélateur, crucial.

Nous avons commandé un van pour nous déposer tous les six à la gare du Nord. Je me suis assise à l'arrière, mon mari face à moi dans le sens inverse de la route, tandis que Marving s'est vu contraint de s'asseoir sur le siège passager à côté du chauffeur. Nous savions que nous allions nous quitter et, comme par hasard, nous parlions beaucoup moins. Nous étions évidemment fatigués de la journée mais aussi sûrement un peu tristes. Moi je l'étais, en tout cas. Je me forçais à sourire, pour bien faire, comme toujours. Je ne savais plus où j'en étais, une chose était pourtant sûre, je n'avais aucune envie de quitter Marving, mais rien dans ces réflexions n'était raisonnable. Je l'ai alors vu prendre son téléphone et démarrer le mode vidéo. En caméra inversée, il me filmait, je ne comprenais pas au début, j'étais dans mes pensées, puis je lui ai souri. Il a fini la vidéo en se filmant, souriant à son tour. J'étais silencieuse et discrète, je craignais que mon mari ne surprenne ce tendre moment entre nous. Mon téléphone a sonné aussitôt, Marving venait de m'envoyer cette fameuse vidéo qui marquerait le début de notre histoire, avec cette légende : « Je n'ai pas pu faire de photo avec toi aujourd'hui, mais je tenais à immortaliser cette journée. » À la lecture de ses mots, une émotion très forte m'a envahie. Une mélancolie, une tristesse, je ne savais pas, j'avais un mal fou à comprendre ce que je ressentais. J'ai compris lorsque nous sommes finalement arrivés à la gare. Je n'avais pas envie de lui dire au revoir, c'était trop dur, mais il le fallait bien, nous avions chacun notre vie. Mes filles l'ont embrassé comme du bon pain, très satisfaites de leur escapade parisienne, tandis que mon mari l'a salué chaleureusement. Quant à nous, nous nous sommes fait la bise, comme si de rien n'était.

« Rentre bien, à bientôt ! »

Qu'elle était nulle, cette phrase. Mais que pouvions-nous dire d'autre ? Qu'il se passait quelque chose que nous ne pouvions pas nier ?

Non, c'était impossible. Lui et moi le savions. Enfin, surtout moi, car j'ignorais vraiment ce qu'il pensait. De nouveau devant cet ascenseur de la gare, je me disais que quelques heures avant à ce même endroit, je ne me doutais pas que ma vie allait changer. Et là, en retrouvant cette cabine ce soir-là, j'avais une envie furieuse de pleurer, mais je n'en avais pas le droit. Mon corps répondait à ce que je ressentais tandis que mon esprit tentait d'occulter. En même temps, comment aurais-je pu m'expliquer ? Ce n'était pas une option, j'ai ravalé mes larmes et affiché mon sourire de façade en répétant que nous avions vraiment passé une bonne journée. J'avais toujours cette boule au ventre lorsque nous avons regagné la voiture. C'était fini, nous repartions à Guénange et, cette fois, les kilomètres m'éloignaient de ces merveilleux moments passés avec Marving. Mon téléphone s'est mis à sonner seulement quelques minutes après mon départ. C'était lui.

*

* *

Je me demandais ce qu'elle avait bien pu penser de moi. Est-ce que je correspondais à ses attentes ? C'était si dur de lui dire au revoir. Si dur aussi de tout faire pour que son mari s'aperçoive de la chance qu'il avait d'être avec une femme pareille. J'ai tenté de discuter avec lui, je lui ai dit que c'était dommage qu'il soit si dur avec Nathalie et qu'il ne partage pas son enthousiasme pour les réseaux sociaux. Elle était douée pour ça et, si elle se débrouillait bien, elle pouvait en vivre. Je lui ai fait prendre conscience que c'était incroyable de réunir une telle communauté et tant d'abonnés avec seulement quelques vidéos. Les réseaux, c'était son truc, il ne devait pas la brimer pour ça. C'était sa manière à elle d'extérioriser, cela la rendait heureuse, ça n'avait pas de prix. Je lui ai également conseillé de lui faire confiance et de lui laisser un peu de liberté, elle en avait besoin. Et surtout, je lui ai dit de l'aimer, de la chérir, de prendre soin d'elle comme elle le méritait, de lui montrer qu'elle comptait plus que tout à ses yeux. C'est ce que j'aurais fait, moi, si j'avais eu la chance de vivre à son côté. Il semblait réceptif à mes paroles et, sincèrement, je l'espérais très fort. Je voulais que Nathalie soit heureuse et épanouie, elle le méritait. En la voyant, j'ai compris que j'avais raison depuis le début, elle était une femme extraordinaire, hors du commun, qu'on ne pouvait qu'aimer. C'était si étrange entre nous… Et si évident en même temps. Je ne savais plus quoi faire. Maintenant que nous nous étions vus, allions-nous échanger comme avant ou est-ce que cette époque était révolue ? Je me disais que c'était beau… Mais que cela n'arriverait plus. Je la connaissais depuis peu et j'avais déjà peur de ne jamais la revoir, peur de la perdre. J'étais déjà attaché à elle, et maintenant que je l'avais vue, ce n'était plus du tout la même chose. C'était clair, j'étais piqué. Je réfléchissais à une astuce pour la recontacter innocemment et tâter le terrain. C'est mon ami Sébastien qui, sans le vouloir, m'a donné une idée. Il venait de sortir un son très drôle qu'il avait nommé « la danse des bourrelets ». C'était fun, léger, parfait pour une reprise de contact !

*

* *

Pile le genre de message qu'il me fallait ! Nous avons tellement ri dans la voiture en écoutant le titre de l'ami de Marving. Il a su comment me remettre un peu de baume au cœur, c'était parfait ! À mi-chemin, les filles commençaient à somnoler, elles étaient vraiment épuisées. Mon mari et moi avons commencé à débriefer la journée, je le croyais serein, j'ai finalement eu mon lot de reproches.

– Tu penses que je n'ai pas vu votre jeu de regards au restaurant ?

Je ne prenais même pas la peine de répondre. Je ne voulais pas qu'il me vole ce beau moment qui se transformerait en souvenir d'une dispute…

Qui de nous deux allait envoyer le premier « vrai » message ? J'ai à peine eu le temps de me poser cette question, nous étions connectés et avons recommencé à échanger le soir même.

« Alors… Tu n'as pas été trop déçu du visuel ? »

Mon message contenait certainement plus d'emojis que de mots, histoire de minimiser ma gêne et mon inquiétude.

Comme à son habitude, il m'a vite rassurée :

« Tu es encore plus belle en vrai… »

À la lecture de ces mots, un large sourire s'est inscrit sur mon visage et ma fatigue de la journée s'est envolée. Mon cœur s'était véritablement emballé. À partir de là, nous ne pouvions plus nous lâcher.

*

* *

J'espérais lui avoir plu, je voulais lui poser la question, mais je ne pouvais me permettre d'être à l'initiative de notre rapprochement. J'avais du respect pour elle, pour sa famille et même pour son mari, je devais bien l'avouer. J'ai donc tenté une approche légèrement infantile pour lui laisser les rênes. C'était à elle de décider.

« Et moi, tu ne m'as pas trouvé trop moche ? »

Sa réponse ne s'est pas fait attendre :

« Tu rigoles ? Tu es parfait ! Je n'avais pas du tout envie de repartir, pas envie de te quitter… »

J'ai pris ce message en plein cœur. Elle m'écrivait ça, alors que je manquais tellement de confiance en moi, à cause de mon passé. C'était comme si elle savait ce dont j'avais besoin. C'était sûr, ce n'était pas terminé entre nous, cela ne faisait même que commencer. Je devais me rendre à l'évidence, j'étais irrémédiablement attiré par elle et j'avais le sentiment que c'était réciproque. Nous avons recommencé à nous appeler tous les jours. C'était surtout elle qui m'appelait, lorsqu'elle était seule en voiture principalement, elle ne voulait pas d'histoires avec son mari. Les messages s'enchaînaient jour et nuit, ils se multipliaient et leur teneur devenait… intense. Je devais en parler à quelqu'un, sortir tout ce que j'avais sur le cœur. Je me suis confié à ma mère. Elle était aussi contente que craintive. La différence d'âge lui faisait peur, elle avait l'impression que je n'étais pas assez mûr pour m'embarquer dans une telle histoire… Tomber amoureux… D'une femme mariée… D'une mère… Elle m'avait trop vu souffrir. Je n'avais pas non plus envie d'avoir mal à nouveau mais, honnêtement, Nathalie ne me faisait que du bien. J'aimais me repasser la vidéo que j'avais faite d'elle dans le van quelques minutes avant que nous nous disions au revoir. Et en même temps, elle avait l'air si triste…

*

*   *

Dès que mon mari s'absentait, je regardais en boucle la vidéo que Marving avait faite de nous deux dans le van. J'avais l'air si triste… Je ne la visionnais que pour m'imprégner de son sourire. Je n'arrêtais pas de penser à lui, le matin, le midi, le soir, tout le temps. Je me sentais comme une gamine, c'était comme s'il me poussait des ailes, et puis je revenais de temps à autre à la réalité et mes ailes se transformaient en barreaux de prison. Je ne pouvais pas me lancer dans une telle histoire, c'était trop fou. Et je ne pouvais pas nier que mon mari faisait des efforts ces derniers jours. Il m'invitait presque quotidiennement au restaurant. Il se joignait également à moi pour faire des vidéos sur TikTok, tel le petit mari idéal, je n'y croyais pas et j'en avais marre. Il semblait cependant avoir changé. Le problème était que, moi aussi, j'avais changé, et toutes ses « nouvelles » petites attentions me pesaient, elles sonnaient faux et ne me rendaient pas particulièrement plus heureuse à son côté. Je me sentais coincée dans une vie qui n'était pas la mienne et je pensais inexorablement à Marving. Un soir, j'étais même en train de lui écrire lors d'un dîner au restaurant en tête à tête avec mon mari. Cela a été le déclic.

– Avec qui es-tu en train de parler ?

– Avec Marving.

– C'est bon avec ton Marving, là ! Ça commence sérieusement à me gonfler.

Si lui était en train de péter les plombs, je crois qu'en ce qui me concerne, c'était pire. J'ai explosé !

– Tu ne te rends pas compte, Marving est tellement gentil, il est mon ange gardien. Si tu veux me faire couper les ponts avec lui, je te préviens, je ne m'en remettrai pas ! S'il te plaît, ne me fais pas ça.

Un déclic pour moi et un déclic pour lui. Il ne disait plus un mot, il commençait clairement à comprendre ce qui était en train de se passer. Quant à moi, j'ai pris conscience de ce que je ressentais, de vrais sentiments amoureux. Je n'avais jamais connu ça, il était temps que j'en fasse part à Marving. Je ne voulais plus d'hypocrisie dans ma vie.

« Marving, il faut que tu saches que je commence à éprouver des sentiments très forts envers toi. Il est hors de question que je te perde. Ce lien fort qu'il y a entre nous est plus fort que tout. Je repense à cette belle journée de vendredi, c'était vraiment génial, je veux la revivre. »

Je m'apercevais que je répétais sans cesse l'adjectif « fort » dans nos échanges. Oui, tout était extrêmement fort entre nous. Je devais cesser de me mentir à moi-même. J'attendais de me retrouver seule avec mon mari. Il est rentré plus tôt que prévu ce jour-là. J'étais en télétravail, enfin… J'essayais de me concentrer entre deux reproches de sa part. Il râlait. Encore. Cela m'était insupportable. Je l'ai interrompu pour lui dire de venir près de moi. J'étais assise devant mon ordinateur, il était à ma gauche. J'ai pris une grande inspiration avant de le regarder droit dans les yeux.

– Je veux divorcer.

– 6 –

– Tu es sérieuse ?

– Tu vois bien que cela ne va plus depuis longtemps. On n'arrête pas de se remettre en question…

– C'est pour ton Marving, tout ça ?

– Marving ou pas, tu sais bien que ce n'est plus possible.

Je ne partais pas pour Marving, je partais pour moi. Cela ne pouvait plus durer… Il en était bien conscient, mais il préférait se voiler la face. Il se doutait bien que cela lui pendait au nez, mais jamais il n'aurait pensé que je pouvais aller jusque-là. Marving a tout simplement été mon déclic pour reprendre en main ma vie. C'était bien pour cela que je l'appelais mon ange gardien, il était un signe, puis il est devenu mon courage… Mais il restait encore du chemin à parcourir vers ma liberté. On ne balaye pas vingt ans de mariage d'un revers de main. Notre séparation était actée, nous devions rester sous le même toit mais nous faisions chambre à part. Tensions et colère ont été notre quotidien. Jour après jour, je distillais la nouvelle dans mon entourage. J'ai d'abord prévenu ma mère, un épisode difficile qui me rappelle les discussions avec mon père quand il était encore de ce monde. Je me suis replongée quelques années en arrière. Mon mariage était probablement le seul désaccord qui existait entre eux…

« Tu ne vas quand même pas quitter ton mari ?

– Je n'en peux plus, maman.

– Il n'est pas si méchant que ça, et c'est un bosseur ! Et puis, tu as pensé aux enfants ? Tu ne peux pas faire ça. »

C'était la phrase qui déclenchait en général la colère de mon père.

« Et ta fille, tu y as pensé ? Tu ne préfères pas la voir heureuse plutôt qu'elle se sacrifie ? Nos petites-filles seront bien plus épanouies si leur mère va bien ! Il faut se rendre à l'évidence, ce n'est pas un homme pour elle, on ne reste pas en couple pour les enfants, ça leur fait plus de mal qu'autre chose ! »

Mon père n'était plus là, mais j'entendais encore ses paroles résonner. Ma mère, quant à elle, ne répondait plus, comme pour le laisser s'exprimer. Elle avait compris ce qu'il voulait dire pendant toutes ces années. Elle avait peur de l'inconnu, de ce qui m'attendait, du tourbillon du divorce, mais elle voulait que j'aille bien. Notre étreinte était particulièrement forte ce jour-là, elle voulait dire : *Quoi qu'il arrive, je te soutiendrai, je serai toujours là.* Si tout le monde avait pu être aussi bienveillant qu'elle... Chaque jour, je m'en prenais plein la figure. Mon mari n'hésitait pas à parler de notre séparation à tout le monde. Évidemment, il la racontait à sa façon, je vous laisse imaginer ce que cela pouvait donner dans une petite ville comme Guénange... La moindre sortie, comme aller chercher une baguette à la boulangerie, devenait une épreuve. Je sentais les regards appuyés sur moi, j'entendais les messes basses sans pour autant comprendre ce que mes détracteurs disaient. Je prenais sur moi, je gardais le sourire, mais il m'arrivait d'être à deux doigts d'exploser. Que pensaient tous ces gens ? N'avaient-ils pas une vie assez remplie pour s'occuper de la mienne ? Tentaient-ils ne serait-ce qu'une seconde de se mettre à ma place ? Croyaient-ils vraiment que ce que je vivais était facile ? Je rentrais chaque soir avec des palpitations dans une ambiance des plus moroses pleine de tensions, de piques, de stress. J'avais peur, peur de tout, mais n'était-ce pas mieux que de me sentir enfermée dans une vie qui n'était plus la mienne ? Peut-être étais-je aussi une victime de la fameuse « crise de la quarantaine » ? Dans les films, magazines, romans, ce passage obligé était bien souvent décrit avec humour. À la moindre saute d'humeur, cela devenait même une blague… Non, cela n'avait rien de drôle, bien au contraire. Et j'aurais aimé être un minimum au courant de ce qui pouvait m'attendre. Non, il ne s'agit pas d'une crise, le terme est décidément peu approprié, c'est une remise en question, sous toutes ses formes, de la vie que l'on a menée jusqu'ici. On fait le bilan, les pour et les contre. En ce qui me concerne, la colonne des contre était largement noircie, cela signifiait donc un problème sous-jacent. Sur quarante années d'existence, j'en avais déjà passé vingt dans un mariage qui ne me convenait pas, allais-je en passer vingt autres comme ça ? Je m'imaginais à l'âge de soixante ans ou proche de la retraite, au côté d'un époux qui ne me considérait pas ; qui me critiquait et ne me comprenait pas. C'était inconcevable pour moi. Cependant, dans cette épreuve, j'ai toujours été lucide, loin de moi l'idée de jeter le bébé avec l'eau du bain. J'avais eu des moments heureux malgré tout, et surtout, mes filles. Ma plus grande fierté, mon plus grand bonheur, mon soleil sous la pluie, jour après jour. Mon destin avait été de leur donner la vie, de les choyer, de les éduquer, de les aimer plus que tout. C'est en ce sens que je me disais que je devais en passer par là. Sans cette union inadéquate avec mon mari, je n'aurais pas connu ce bonheur d'être la mère de mes deux adorables filles, je serais passée à côté du pilier de ma vie. J'avais donc dû faire quelques bons choix malgré tout. Mais c'était terminé.

Avais-je un problème ? Ce que je ressentais était-il normal ? Ma décision n'avait pas été prise sur un coup de tête. Cela faisait des mois que j'étais en train de m'éteindre. Chaque jour, je devenais de plus en plus lasse, irritable, angoissée, mes filles ressentaient tout cela, elles ne le méritaient pas. Je me suis posé des milliers de questions, j'ai essayé de faire des efforts, en particulier pour mon couple, je tentais de me convaincre que les choses pouvaient changer, s'arranger, que j'allais retrouver un peu de joie et que je subissais simplement, comme plein d'autres, la crise de la quarantaine, qualifiée aussi de crise du milieu de vie. Je trouvais ces appellations grotesques. J'en présentais les symptômes, certes, mais je n'arrivais pas à me ranger dans cette case. C'est donc sur le tard que j'ai commencé à m'y intéresser, à en comprendre les effets pour ME comprendre. Le psychanalyste canadien à l'origine du terme « crise du milieu de vie » démontrait que celle-ci survenait alors que l'on prenait conscience de sa propre fin. Cela ne me correspondait pas. Je ne pensais pas à la mort, je voulais enfin vivre ! Je ne pensais pas revivre une deuxième jeunesse, aller en boîte ou faire mon adolescente, au contraire, très peu pour moi ! Mais de là à me fixer sur le fait que j'allais mourir un jour ?! Je n'étais pas d'accord avec son analyse, j'aurais bien aimé être face à lui deux minutes pour lui exposer mon point de vue ! Cette crise pouvait entraîner selon lui une déprime ou des troubles psychologiques plus importants. Je n'avais pas de problèmes psychologiques, je savais identifier ce qui n'allait pas chez moi, ce n'était ni plus ni moins que mon mariage. J'avais une vie relativement agréable et mes filles étaient des trésors, je ne pleurais pas pour rien, mes larmes avaient le goût de mon mariage et mes sourires avaient celui de l'envie d'aimer. C'était plutôt sain finalement. Mais allais-je vraiment avoir le courage de passer le cap ? Comment mes enfants allaient-elles le vivre ? Voilà les questions qui rythmaient mon quotidien et qui ont trouvé une réponse lorsque j'ai rencontré Marving. Je voulais connaître le grand frisson amoureux, sans compromis, sans contraintes, j'étais prête pour ça dès le lendemain de cette belle journée du 10 juillet. Je n'étais plus la même, j'étais transformée, c'étaient mon cœur et mes tripes qui parlaient. Quant à ma raison, je lui demandais d'enfin écouter mon corps et mes désirs, elle a fini par me suivre, ce qui a conforté l'idée que je prenais la bonne décision.

Nos échanges avec Marving s'étaient intensifiés. Il n'était pas question d'évoquer notre couple potentiel, mais de nous apporter du réconfort. C'était intense et frileux à la fois. Nous savions que les sentiments étaient présents et profonds, mais il avait du respect pour mon mari, ma famille, et moi aussi évidemment. J'ai rapidement annoncé à mes filles que leur père et moi allions divorcer. Elles n'ont pas été surprises, certainement partagées entre tristesse et soulagement. Je m'étais tellement confiée à elles, elles étaient habituées à sécher mes larmes. La première semaine de séparation officielle fut une horreur. Je faisais tout pour rentrer un peu plus tard du travail afin d'être sûre de ne pas croiser mon futur ex-mari. Et le week-end qui a suivi, je n'eus d'autre choix que de m'échapper, j'avais besoin de voir Marving. Mais comment ? Nous avions une voiture pour deux et il était évident que je n'allais pas la prendre pour aller voir un autre homme. Il m'en aurait voulu et je n'aurais pas pu le blâmer. J'ai donc loué une voiture, puis direction Paris. Je n'étais pas habituée à conduire sur de si longs trajets, c'était mon mari qui s'en chargeait habituellement. Cependant, je me sentais pousser des ailes, j'avais l'impression d'être capable de tout. Une fois assise dans la voiture, j'ai mis le contact, démarré, j'ai jeté un coup d'œil dans le rétroviseur, je m'observais, au calme. Mon regard avait changé, il pétillait. J'ai pris la route avec le sourire, concentrée sur mon GPS. Au fil des heures, ma boule dans l'estomac se résorbait, je me sentais libre comme jamais. Marving et moi avions rendez-vous aux abords du centre commercial Bercy 2. Je me garai, pile à l'heure, lui en revanche était légèrement en retard, il avait pris les transports en commun. Soudain, je l'ai vu arriver au loin, il avait un grand sourire et m'ouvrait les bras. Je n'ai même pas réfléchi, je suis sortie de la voiture, j'ai sauté dans ses bras et je l'ai embrassé. Ce n'était pas calculé, c'était complètement spontané et c'était incroyable… Tout était si naturel et délicat entre nous. Nous sommes entrés dans le centre main dans la main, et nous nous sommes baladés. Nous regardions les vitrines des magasins, mais je n'avais aucune envie d'y entrer. Pour une fois, ce n'était pas le shopping qui pouvait me combler. Les fringues, le maquillage, les sacs, je n'en avais strictement rien à faire, mon bonheur, c'était Marving. Je ne voulais pas gâcher ce moment si tendre, mais… j'avais une envie pressante et cherchais au loin des toilettes. Quoi ? Deux euros pour avoir le droit de faire pipi ? Je n'avais jamais vu ça ! En tout cas, dans ma petite province, on ne payait pas pour aller aux toilettes !

– Euh… Marving… Tu n'as pas deux euros ?

– Ah d'accord, on est à peine ensemble que tu me grattes déjà des euros ? dit-il en riant.

– J'ai trop envie de faire pipi !

– OK, belle entrée en matière !

Nous avons éclaté de rire. En effet, ce n'était pas la scène la plus romantique au monde !

Mais je n'avais aucune honte avec lui, tout coulait de source. C'est ce que je ressentais en tout cas, et je savais que c'était pareil pour lui.

*

* *

Elle était si belle, ce jour du 25 juillet. J'étais tellement heureux de la retrouver. Elle était pétillante, drôle, ne se prenait pas la tête. Je ne m'attendais pas qu'elle saute dans mes bras et qu'elle m'embrasse, mais j'étais absolument ravi de la tournure que prenaient les événements. Elle et moi, c'était évident, presque comme si on se connaissait depuis toujours. Je me sentais bien, léger, autant dans le cœur que dans le corps. Elle sentait si bon, son odeur m'envoûtait, je l'aurais suivie n'importe où. J'étais touché par ce qu'elle avait fait pour que l'on se retrouve : louer une voiture, faire plus de trois heures de route vers une ville qu'elle connaissait peu… Je trouvais ça fort, j'adorais sa spontanéité et sa détermination. Je n'étais pas sûr qu'elle savait ce qu'elle voulait vraiment, mais elle savait ce qu'elle ne voulait plus. J'avais passé beaucoup de temps à tenter de la réconcilier avec son mari mais, à présent, j'étais convaincu qu'elle avait pris la bonne décision. Nous avons peu abordé le sujet de son divorce ce jour-là. Nous voulions simplement profiter l'un de l'autre, nous amuser et oublier nos soucis. Je l'ai emmenée déjeuner à l'Hippopotamus, nous voulions quelque chose de simple mais qui donne des forces pour l'après-midi. Avec toujours autant d'entrain, nous nous sommes ensuite dirigés vers la Cité des Sciences, la Covid était passée par là, de nombreux stands étaient fermés. Peu importe, cette mauvaise surprise n'allait pas nous empêcher de passer du bon temps. Nous étions comme deux enfants à tester les activités proposées, les simulateurs de moto et autres… Nathalie restait derrière moi, elle me filmait, faisait des TikTok, nous étions pleins de vie et les gens qui passaient riaient beaucoup avec nous. Nous avons ensuite testé « le cinéma allongé », c'était formidable. Le film projeté était un documentaire sur les planètes, enfin… je crois… Nous avons passé notre temps collés l'un à l'autre, à nous embrasser… Tout cela était vraiment génial, mais l'heure passait et je savais bien qu'elle allait bientôt devoir repartir. Elle me regardait d'un petit air triste.

– Marving, je vois l'heure qui tourne. Je n'en ai pas envie, mais je dois rentrer.

– Déjà ? C'est passé si vite.

– Je sais, ça ne m'enchante pas, mais j'ai trois heures et demie de route et pas trop envie de conduire la nuit.

– Cela tombe bien, alors.

– Comment ça ?

– Tu peux ne pas partir, je t'ai préparé une surprise pour ce soir.

– Quoi ? Mais je n'avais pas prévu ça.

– Bien sûr puisque c'est une surprise. Tu pourras dormir chez moi après et repartir, reposée.

*

* *

J'avais tellement envie de rester avec lui, il ne m'a pas fallu beaucoup de temps pour lui dire oui. Je n'ai pas regretté. La soirée était idéale, le temps était doux à l'image de notre journée et de nos sentiments naissants. Il m'a emmenée sur un bateau, nous avons dîné sur la Seine, bordés par les plus beaux monuments du monde et leurs lumières. C'était d'un romantisme absolu. Nous avons beaucoup parlé ce soir-là, il m'a raconté sa vie, ses blessures, il s'est confié et je comprenais qu'il était en train de m'ouvrir son cœur. C'était magique. Nous avons repris la voiture pour rejoindre Chantilly, j'étais épuisée, mais ravie, encore plus de passer la nuit à son côté. Le lendemain matin, nous nous sommes réveillés heureux, mais nous sentions la fin du rêve approcher. Il fallait revenir à la réalité et être raisonnables, je devais rentrer. C'était si dur de se quitter, nous étions scellés l'un à l'autre. Entre les mots gentils et les promesses de se revoir au plus vite, je suis repartie. Triste et gaie à la fois. Je crois que seul l'amour peut provoquer un tel paradoxe dans le cœur.

Je suis rentrée à la maison dans l'après-midi. Je craignais d'ouvrir la porte d'entrée, l'ambiance devait être glaciale à l'intérieur. Pas à cause de mes filles, c'était certain, elles s'évertuaient toujours à mettre de la joie dans notre foyer par leurs rires, leurs chants, leur bonne humeur. Mon mari, en revanche… Son regard était noir, je savais qu'il n'allait pas me rater, alors je l'évitais le plus possible. Je passais un maximum de temps avec les filles. Nous organisions notre « vie d'après », nous étions convenus que je serais avec les filles toute la semaine et qu'elles resteraient avec leur papa le week-end. Cela pouvait sembler déséquilibré, mais il ne pouvait s'occuper d'elles que les samedis et dimanches, il travaillait énormément. Pour éviter de me retrouver dans un huis clos mortel, je dormais chaque soir dans mon grand canapé d'angle, laissant la chambre à mon mari, et j'allais donc passer mes week-ends avec Marving. Malgré les tensions, j'avais l'impression que, doucement, tout le monde commençait à s'habituer à la situation. Un soir, avant mon départ pour Chantilly, j'avais annoncé à mes filles que je serais de retour le dimanche vers 18 heures. Elles étaient d'accord mais, pendant que je parlais, j'entendais leur père leur dire : « Laissez votre mère, elle va chez son mec, son jeunot. » Je prenais sur moi, il était hors de question que je m'énerve alors que je câlinais mes enfants. Je suis passée outre et je suis partie. Comme d'habitude, je vivais deux jours de rêve, sans artifices, simples mais si forts… Victime d'un contretemps et de quelques bouchons sur la route du retour, je n'ai finalement regagné mon domicile que vers 22 h 30. Je n'étais pas fière, mais je n'avais vraiment pas pu faire autrement. Mes filles ne m'en voulaient pas, elles étaient si compréhensives. Du côté du père, ce n'était pas la même ambiance…

– Maman est là ! Vous voyez votre mère comme elle n'en a rien à foutre de vous ? C'est une salope qui préfère être avec son petit mec !

Là, je crois que mon cerveau a vrillé, je suis littéralement devenue dingue. Les semaines de tension pendant lesquelles je m'étais retenue ont pris possession de mon corps, il fallait que j'expulse ce trop-plein.

– Tu n'as pas à me parler comme ça ! Ne mêle pas nos enfants à ça, tu sais et elles savent que je les aime plus que tout !

Et comme je pouvais m'y attendre, il s'est énervé deux fois plus et s'est mis à me rabaisser, il me parlait comme à un chien. Je déambulais un peu partout dans la maison pour tenter d'échapper à ses affreuses paroles. Il me suivait jusque dans la cuisine. Je me suis accoudée à l'évier, tentant de me calmer, de ne plus l'écouter, je prenais de profondes inspirations, mais je sentais la colère s'emparer de moi et il continuait encore et encore.

– C'est pas la peine de t'énerver, si tu n'es pas contente de ce que je te dis, tu n'as qu'à te barrer !

Je ne le supportais plus, je tremblais, je ne me contrôlais plus, il était tout près de moi, torse nu car il sortait du lit, j'avais envie de le gifler, lui hurler dessus. Je me retenais, mais j'étais à deux doigts de craquer.

– Vas-y, casse-toi ! On n'a pas besoin de toi ici ! Pas besoin d'une pute !

Il m'avait poussée à bout. Dans un élan de rage, j'ai cassé un verre qui traînait dans l'évier, je me voyais lui jeter les débris à la figure. Il m'a retenue avec sa main et, là, ma grande fille est arrivée dans la cuisine. Il y avait du sang partout, c'était moi qui m'étais blessée. Un bout de mon doigt pendait au-dessus du plan de travail, je ne ressentais même pas la douleur. La colère m'avait anesthésiée. Après un moment de silence et de lucidité, j'ai vu tout ce sang et je suis tombée, j'ai perdu connaissance. J'entendais toutefois mon mari dire : « On fait vraiment n'importe quoi, je t'emmène tout de suite à l'hôpital. »

Cet épisode s'est achevé par quatre points de suture et une prise de conscience. Il m'a raccompagnée à la maison, bien plus calme, il essayait même de me parler. J'avais du mal à lui répondre, j'étais encore un peu choquée par tout ça.

– Cela a pris des proportions énormes. Je ne voulais pas tout ça, crois-moi. Tu sais quoi ? Maintenant on va agir comme des grands, si on doit vraiment se séparer, on va essayer de faire ça proprement.

Ce fut un déclic, une prise de conscience pour tous les deux. Je voulais vite rentrer chez moi et sauter sur mon téléphone pour parler à Marving. J'étais en train de tomber amoureuse. À quoi bon rester avec mon mari ? Si mon cœur partait ailleurs, je devais l'accepter. Je n'avais plus de sentiments pour mon mari. Que ma relation avec Marving fonctionne ou pas, je devais me libérer de mon mariage, il n'y avait plus aucun doute. La « vie d'après » commençait réellement maintenant.

– 7 –

J'aurais aimé être là pour elle. À chaque instant. Mais la décence me l'interdisait. J'avais déjà eu beaucoup d'épreuves dans ma vie, mais je ne pouvais pas imaginer ce qu'elle vivait en tant que maman, en plein divorce, à subir la colère de son mari. J'en avais vu quelques bribes durant mon enfance… Mais je n'étais pas à la place de ma mère à ce moment-là, mon monde intérieur était déjà très perturbé et j'avais des yeux d'enfant… Comment pouvais-je apporter à Nathalie le soutien dont elle avait besoin ? Je n'en savais rien. Je lui montrais qu'elle pouvait me parler, autant qu'elle le souhaitait, mais elle préférait sourire. J'étais, en quelque sorte, son moyen d'oublier les soucis, au moins l'espace d'un week-end. Pourtant, je n'étais pas dupe, j'avais bien compris qu'elle voulait me préserver au maximum. Cela devait changer, je voulais qu'elle sache qu'elle pouvait me faire confiance quelles que soient les épreuves et que je ne l'aimerais pas moins si elle partageait ses problèmes avec moi. J'avais envie d'être son pilier, son roc, son nouveau repère. Son amour me donnait des ailes, j'allais tout faire pour la décharger de ses angoisses, elle devait comprendre qu'elle n'était plus seule face à l'adversité. Nathalie venait me voir quasiment tous les week-ends. Nous prenions soin l'un de l'autre. Nous avions déjà des habitudes de couple même si nous n'avions pas encore prononcé ce mot. Nous ne nous mettions pas de pression, nous nous contentions de vivre l'instant présent. J'aimais ces matins où, après notre réveil, elle se glissait hors de la chambre pour préparer le petit déjeuner. Je la rejoignais quelques minutes plus tard, remarquant un jus d'orange pressée sur la table. Ses petites attentions me faisaient craquer. Puis nous faisions de longues balades dans Chantilly avant de nous asseoir dans l'herbe au bord de la Nonette. L'ambiance était douce, presque romantique sans le vouloir, comme si nous ne vivions que d'amour et d'eau fraîche durant quelques heures. Je profitais de ces instants car je n'allais pas la voir pendant quelque temps. Les vacances arrivaient, ce qui signifiait trois semaines loin d'elle. Elle partait pour la première fois seule avec ses filles du côté de l'Ardèche. Moi, en revanche, je n'avais rien prévu, je crois qu'inconsciemment ma vie tournait un peu autour d'elle. Je n'en revenais pas de la chance que j'avais. Elle est arrivée dans mon quotidien au bon moment, comme un message, comme un ange. Nathalie était ma petite étoile dans la nuit. Elle aussi a été mon déclic pour reprendre ma vie en main, ne pas sombrer, avancer avec le sourire. J'avais retrouvé l'envie et l'optimisme. Je me sentais prêt à déplacer des montagnes, c'était une renaissance, une deuxième vie commençait. Je voulais la remercier pour ça, lui apporter autant qu'elle m'avait apporté. Une petite idée me trottait dans la tête.

*

* *

J'allais passer mes premières vacances seule avec mes filles. Mon mari et moi avions loué un mobile home en Ardèche à Aubenas pour deux semaines dans le même camping que mon frère et ses enfants. Nous nous sommes arrangés pour que je parte la première semaine avec les enfants, leur papa les rejoindrait pour la seconde semaine. Nous étions tout excitées de partir en vacances entre filles ce 1er août. Le soleil brillait tout au long du trajet, de quoi nous donner un bel avant-goût de notre séjour. Arrivées sur place, nous avons vite pris nos marques, il faisait chaud et l'endroit était idéal. Mon frère avait un mobile home situé tout près du nôtre, nous nous y retrouvions pour les repas et apéros, il avait une grande terrasse très agréable. Les vacances étaient bien lancées dans la joie et dans la bonne humeur. Mes filles étaient souriantes et ne semblaient pas particulièrement perturbées par le divorce de leurs parents. Elles appelaient leur père régulièrement, lui faisant un compte rendu de chaque journée. Elles lui racontaient avec beaucoup d'enthousiasme nos balades ensoleillées, nos moments de détente à l'ombre des pins et nos séances de baignade dans la piscine de la résidence avec les cousins et cousines. J'avais l'esprit léger de les voir aussi bien dans leurs baskets. Deux jours après notre arrivée, nous discutions tranquillement dans notre petit salon lorsqu'un gros coup à la fenêtre nous a fait sursauter. Je pensais que c'était mon frère.

– Dis donc ! Vas-y doucement, tu vas casser la fenêtre ! C'est bon, on arrive !

J'ai ouvert la porte, ce n'était pas mon frère, c'était Marving ! Il m'avait fait une surprise ! Je sautais dans ses bras et l'embrassais chaleureusement, je ne m'y attendais pas, c'était dingue de le voir ici, à l'autre bout de la France, juste pour moi ! Soudain, un éclair de lucidité calma mes ardeurs. Je sentais le regard de mes filles dans mon dos, elles avaient assisté au spectacle, mais peut-être n'étaient-elles pas prêtes. Je me tournais vers elles. Polies, elles saluaient Marving, mais je sentais malgré tout un léger malaise. Mon aînée avait un regard noir qui m'a déstabilisée sur le coup. L'atmosphère s'était alourdie, le climat était tendu et c'était légitime. Pour la première fois, elle voyait sa maman embrasser quelqu'un d'autre que son papa. J'ai aussi remarqué cette petite touche de déception dans l'œil de Marving. Il ne voulait pas brusquer mes filles et avait peur de l'accueil qu'elles lui réserveraient. C'est pourquoi il avait prévu de dormir à l'hôtel chaque soir afin de nous laisser entre nous, il ne voulait pas non plus bénéficier d'une location qui avait été initialement payée par mon mari et moi. J'appréciais sa délicatesse, mes filles n'en ont pas fait cas. Elles parlaient peu et regardaient Marving en chien de faïence. Je gardais mon optimisme légendaire, cependant, les jours qui ont suivi furent un véritable numéro d'équilibriste pour moi. J'essayais de trouver un juste milieu entre l'ambiance euphorique et joyeuse qui régnait en présence de Marving et la tension qu'engendraient mes filles. Elles ne cessaient de me dire que je n'étais plus la même, qu'elles ne me reconnaissaient pas. Je ne voulais pas les contrarier mais, en revanche, j'étais devenue moi-même, plus que jamais ! Toutefois, je devais bien leur concéder que j'étais tellement heureuse, amoureuse, que j'étais parfois comme une gamine, oui, une gamine qui découvrait ce qu'était l'amour. J'avais attendu quarante longues années avant de connaître ça ! Je ne parvenais pas à cacher toutes ces sensations incroyables qui parcouraient mon corps, je ne m'étais jamais sentie aussi vivante. J'aurais tant aimé qu'elles soient contentes pour moi, mais elles avaient encore beaucoup de mal à se faire à cette situation. Je les comprenais, mais je voulais, plus que tout, partager mon bonheur avec les prunelles de mes yeux. J'avais tellement souffert avec leur père…

Après des journées intenses et épuisantes rythmées par les randonnées au bord des rivières, les visites de villages, de châteaux et même du minigolf, je ramenais chaque soir Marving à l'hôtel. Nous passions de très bons moments, mais cela restait difficile avec les enfants. J'avais tout de même surpris quelques moments de complicité entre elles et lui. Sur le joli marché de la ville de Joyeuse, il leur avait fait des petits cadeaux, une tasse portant le logo de TikTok ainsi qu'un masque. Je voyais bien qu'elles étaient contentes, mais elles ne lui ont adressé qu'un timide merci. Nous avons également fait du karting, sensations fortes garanties avec lui ! Il roulait si vite ! Mais mes puces étaient aux anges, cela valait bien le coup d'avoir quelques nausées. Même chose dans la piscine de la résidence, j'ai vu ma petite monter sur le dos Marving pour nager, cette scène m'a fait tellement plaisir… À elles aussi, j'en étais certaine, mais elles s'empêchaient de l'aimer à cause de leurs principes, et je les comprenais. Selon elles, leur maman devait être avec leur papa, et pas avec un homme qu'elles trouvaient trop jeune et immature. C'était compliqué, mais cela valait le coup de se battre. Elles étaient dans une période d'adaptation, que j'espérais la plus douce possible. Elles étaient aussi prises entre deux feux. Elles avaient mis leur père au courant de la situation et, comme on pouvait s'y attendre, cela l'a rendu dingue. Elles entendaient au téléphone des choses atroces sur Marving, sur moi, des critiques à n'en plus finir. La colère de leur père leur avait retourné le cerveau. J'essayais d'occulter tout ça pour passer de jolies vacances, mais mon cœur se serrait chaque fois qu'elles lui parlaient. Je voyais soudainement leur comportement changer, elles redevenaient froides alors qu'elles riaient quelques minutes avant. J'étais stressée et heureuse à la fois. Je ne savais pas comment procéder pour que mes filles n'écoutent que leur instinct et pas les insultes de leur papa. Ces vacances étaient censées être les premières de notre nouvelle vie, je les voulais inoubliables pour nous trois, mais j'avais constamment peur qu'elles ne virent au cauchemar, nous étions en équilibre sur un fil. Une scène en particulier a failli tout faire basculer. Nous étions au restaurant, dans une atmosphère relativement conviviale, tout le monde semblait détendu et l'ambiance laissait présager une belle journée. Nous avions repéré un petit garçon adorable âgé de cinq ou six ans tout au plus. Il n'arrêtait pas de passer devant notre table en nous souriant, il était drôle et charmant. Ce qui a poussé mon aînée à dire :

– Il va en briser des cœurs, celui-là !

Marving voulant plaisanter avec elle lui a répondu :

– Tu n'as qu'à l'attendre quelques années.

Elle l'a mal pris et lui a répondu du tac au tac avec une froideur que je ne lui connaissais pas :

– J'suis pas une cougar, moi.

Un vent glacial a parcouru la table, nous ne savions plus quoi dire pour briser le silence. Sa phrase brutale m'avait ôté toute repartie et j'ai vu Marving baisser tristement les yeux. Ma fille n'avait donc pas changé d'avis, elle ne faisait que répéter qu'il était trop jeune et qu'il ne resterait jamais avec moi, mais ces échanges étaient restés entre nous jusque-là, elle n'avait pas encore frontalement attaqué Marving sur ce point. Cet accrochage m'avait brisé le cœur, il résumait bien toutes nos difficultés familiales et les obstacles auxquels nous allions encore nous heurter dans le futur. Je faisais tout pour le préserver mais, en même temps, c'était ça, ma vie, pour l'instant. Il la partageait avec moi, je devais tout lui dire.

*

* *

J'avais peur que la situation ne dégénère. J'étais si heureux de faire la surprise de mon arrivée à Nathalie. Toutefois, j'appréhendais la réaction de ses enfants. Nous nous étions très bien entendus lors de notre première rencontre en juillet à Paris, mais le contexte avait changé. Elles avaient le droit de m'en vouloir, mais je voulais qu'elles comprennent que, si j'aimais leur mère, je les aimais aussi. En aucun cas je ne voulais les mettre dans l'embarras. Mes intentions étaient saines, je souhaitais que nous apprenions à nous connaître un peu mieux. J'avais peur que, sous l'influence de leur père, elles puissent croire que je voulais profiter de leur maman, briser leur famille. Si elles avaient su les efforts que j'ai déployés pour tenter de réconcilier leurs parents… Mais cela aurait été déplacé de ma part de le leur rappeler. Dès mon arrivée à Aubenas, j'ai remarqué qu'elles ne me supportaient pas. Elles ne m'adressaient quasiment pas la parole, faisaient des messes basses en me regardant du coin de l'œil. Je ne pouvais pas les blâmer pour cela, je savais ce que c'était d'être un enfant du divorce, j'avais conscience de ce qu'elles pouvaient ressentir. Elles me considéraient comme un ennemi alors que je ne leur voulais que du bien. Il faudrait du temps… J'espérais qu'elles m'en accorderaient. Si mon amour pour Nathalie n'avait pas été aussi fort, je n'aurais peut-être pas tenu. Mais cette femme, mon étoile, me rendait courageux, je ne pouvais pas baisser les bras. Alors, je redoublais d'efforts pour leur montrer ma bonne foi. Un sourire de leur part était le fruit de plusieurs heures d'efforts, mais cela valait le coup, dès que nos échanges s'adoucissaient, même légèrement, l'espoir renaissait en moi. Ce sentiment était généralement de courte durée. Il suffisait d'un coup de téléphone à leur père pour réduire nos progrès relationnels à néant. Un jour, deux jours, trois jours sont passés, et ce même scénario… c'était épuisant. Et puis, le mari de Nathalie, ne tenant visiblement plus en place, l'a appelée directement.

– La première semaine de vacances, c'est avec tes filles que tu devais la passer, pas avec ton mec !

Je voyais Nathalie accablée par la fureur de son mari. Il parlait si fort que j'entendais tout malgré une distance raisonnable. Elle faisait bonne figure, mais je voyais ses mains trembler. Elle précipitait la fin de la conversation pour ne pas perdre ses moyens. Elle est restée quelques secondes de dos, sans bouger, puis elle s'est retournée en arborant un sourire exagéré. Je la connaissais déjà très bien, ce sourire n'était pas le sien, il était triste, elle semblait porter un masque. Je lui rappelais qu'elle n'avait pas besoin de me préserver, que j'étais là pour elle. J'avais envie de lui changer les idées. J'ai d'abord voulu prendre les choses en main pour faire taire nos détracteurs et pour, peut-être, passer un petit message aux filles, indirectement. Non loin de la résidence, il y avait un stand de minimotos, j'ai proposé à Nathalie de faire une vidéo. Les gens nous comparaient souvent à une mère avec son fils, autant jouer le jeu à fond…

– Maman, je veux faire un tour de minimoto !

– Non Marving, pas tout de suite ! Ou alors tu promets d'être sage !

– Oui maman, c'est promis !

Face à des gamins, autant faire des gamineries… Cela nous amusait tout en faisant taire les *haters* quelques heures. Nous avons bien ri, mais il en fallait plus pour que Nathalie retrouve un sourire franc. J'avais plus d'un tour dans mon sac… Pendant que ses filles passaient du temps avec leurs cousines, je lui proposais de faire un *shooting* photo, notre premier en amoureux, dans ce cadre idyllique. Nous devions garder une trace de ces premiers moments passés à deux. Nous nous sommes rendus sur la terrasse d'un restaurant panoramique avec vue sur les gorges en contrebas. Le coucher du soleil était proche, c'était magnifique. Je voyais le reflet du paysage dans les yeux de Nathalie, ils brillaient. À nouveau. Les reflets du soleil se perdaient dans ses longs cheveux blonds, leur donnant plein de couleurs différentes. On aurait dit un tableau, une peinture poétique. C'était notre petit moment seuls, coupés du monde. C'est à peine si nous prenions des poses pour le photographe, tout était si naturel. J'étais vêtu de blanc et elle portait une robe blanche vaporeuse. Nous nous regardions comme si nous étions en train de nous découvrir pour la première fois. Elle était si belle et elle me donnait tant de valeur d'un seul regard… Ce moment était extraordinaire, hors du temps. Nous n'avions pas besoin de parler, le bruit de l'eau coulant entre les roches nous berçait de la plus belle des musiques, celle de la plénitude. Ces deux heures étaient annonciatrices de ce que nous allions vivre ensemble. C'était beau, c'était fort, les problèmes étaient loin, ils nous paraissaient tout petits par rapport à la force de notre amour. C'était une révélation. Nous ne voulions pas que cette séance photo s'achève, mais il était l'heure de rentrer. Nous avons pris notre temps pour rejoindre la résidence, histoire de faire durer ce moment. Les petites nous attendaient, j'avais l'impression qu'elles étaient dans de meilleures dispositions, elles étaient gaies et riaient avec le reste de la famille. Cette fin de journée semblait parfaite. J'ai donc demandé à Nathalie de me ramener à l'hôtel pour terminer sur une bonne note. Nous reprendrions plus tard les choses où nous les avions laissées avec, j'espère, la même sérénité. Et en effet, le lendemain s'annonçait prometteur. Il faisait toujours aussi beau et chaud quand je retrouvai les filles à la résidence. Pas de visites aujourd'hui, nous avions décidé de nous la couler douce et de nous la jouer farniente au bord de la piscine. L'ambiance était bonne, il faut dire que la famille de Nathalie savait mettre à l'aise. Son frère m'a tout de suite accepté, sa belle-sœur était également très accueillante et les instants que nous passions ensemble étaient placés sous le signe du rire et de la convivialité. Je me sentais bien cet après-midi-là. Dans le ciel comme dans ma tête, il n'y avait pas de nuages, enfin si, peut-être un ou deux… Un pressentiment peut-être. Après une bonne partie de baignade tous ensemble, j'ai vu les filles de Nathalie s'éclipser. J'imaginais qu'elles devaient rejoindre le mobile home pour leur coup de fil quotidien à leur père. Je ne saurais dire pourquoi, je ne le sentais pas, quelque chose me titillait. La journée était peut-être trop belle pour durer ? Nathalie, en tout cas, semblait comblée, détendue au milieu des siens, inutile de lui faire part de mes inquiétudes, d'autant plus qu'elles n'étaient pas fondées, c'était simplement quelque chose que je sentais au fond de moi. Je secouai la tête pour ne plus y penser. Il était temps de nous rediriger vers les mobile homes. Nathalie et moi faisions quelques vidéos amusantes, mais le cœur n'y était pas de mon côté. Lorsque j'ai vu la mine des filles quand elles nous ont rejoints, j'ai compris que la soirée risquait de basculer. Je n'ai pas eu à attendre longtemps. Mon portable s'est mis à sonner, c'était le mari de Nathalie. Je lui ai lancé un regard, elle a tout de suite compris. Droit dans mes bottes, je décidais de décrocher. Le ton était loin d'être amical, comme vous l'imaginez. Je me suis immédiatement fait agresser.

– Allô ?

– Ouais, tu te prends pour qui, là ?

– Comment ça ?

– Tu fais le beau avec ma femme et mes filles ? T'as cru quoi ?

– Attends, calme-toi s'il te plaît, on peut parler…

– J'ai rien à te dire, je t'appelle juste pour te prévenir que je vais débarquer, pour qu'on s'explique d'homme à homme, prépare-toi !

– Tu es en train de me dire que tu veux que l'on se batte ? Tu crois franchement que c'est une solution ?

– Je m'en fous de tes solutions, tu me manques de respect, je ne vais certainement pas laisser passer ça.

– S'il te plaît, écoute-moi.

Il était dans une rage folle, impossible pour moi d'en placer une. Je me suis tout d'abord énervé moi aussi, il n'était pas question que je me laisse insulter et provoquer. Puis, il s'est retrouvé à court d'arguments, et j'ai pu parler un peu plus calmement.

– Je t'assure que je ne te manque pas de respect. Déjà, je dors à l'hôtel tous les soirs. Il était inenvisageable pour moi de profiter du séjour que tu avais, à la base, organisé avec Nathalie, avant votre séparation. Ensuite, je n'ai jamais eu l'intention de prendre ta place auprès de tes filles, elles me font bien sentir que je dois garder mes distances, d'ailleurs.

– Ça revient au même, tu passes tes vacances avec elles et avec ma femme, comme si tu voulais te payer une petite famille parfaite, mais ce n'est pas la tienne !

– Ce n'est plus la tienne non plus. Je ne m'immiscerai jamais dans la relation que tu as avec tes enfants, mais tu dois comprendre que Nathalie ne sera bientôt plus ta femme. Vous êtes en train de divorcer. Je te promets que je n'ai jamais voulu ça.

J'ai sûrement touché un point sensible, sa colère est repartie de plus belle. Je le laissais parler et déverser sa rage. J'évitais le regard implorant de Nathalie à côté de moi, elle entendait tout et je ne voulais pas la mettre plus mal à l'aise qu'elle ne l'était déjà. Je voulais démêler ce sac de nœuds avant de raccrocher et de lui livrer des explications. Je voyais également ses filles s'angoisser au loin, elles n'arrêtaient pas de me regarder. Je supposais qu'elles savaient que les choses allaient mal tourner après avoir discuté avec leur père. Je les plaignais sincèrement, elles étaient vraiment dans une situation compliquée, prises dans un étau, celui du conflit de loyauté que connaissent si bien les enfants de parents séparés. Leur père continuait de me menacer, il me disait qu'il allait venir pour que l'on s'explique. Mais qu'y avait-il à expliquer ? Cela ne servait à rien de parler avec lui. Il devait à présent faire un travail sur lui-même pour se diriger vers l'acceptation. Nathalie ne cessait de me dire qu'il n'avait pas l'air heureux durant leur mariage. Cette séparation pouvait être un nouveau départ pour lui, mais je savais très bien qu'il fallait du temps et ce n'était pas à moi de le lui dire, il s'agissait d'une initiative très personnelle. Je pensais à tout cela pendant qu'il me criait dessus, cela me rendait certainement plus indulgent. Tout ce que je voulais, c'était calmer le jeu, apaiser un minimum de tensions entre Nathalie et lui. L'idée était que, n'ayant pas réussi leur mariage, ils pouvaient peut-être réussir leur divorce. Pour l'instant, il en était à la phase de colère, un passage obligé, j'imagine. Je ne voyais pas bien quel rôle je devais incarner dans toute cette histoire. Devais-je rester à ma place ? Ou tenter d'arranger les choses ? Je me disais, encore une fois, que ma meilleure carte était de montrer ma bonne foi. Je n'étais un ennemi ni pour les filles ni pour leur père, juste un homme amoureux d'une femme en train de divorcer.

*

* *

Marving n'avait pas à subir ça. Je me sentais mal. J'avais l'impression de l'avoir entraîné dans un nid de guêpes alors qu'il ne méritait pas ça. Il ne m'apportait que du bonheur et j'avais l'impression de le plonger dans mes problèmes en retour. Je ne pouvais pas m'empêcher de culpabiliser. Il venait de raccrocher et restait digne. Évidemment, cette discussion n'avait mené à rien, elle était à sens unique, je connaissais bien mon mari quand il pétait les plombs. Je me doutais que cette confrontation arriverait bientôt et que le père de mes filles finirait par perdre ses nerfs. J'avais peur que Marving m'en veuille indirectement. Le pauvre, il n'avait rien demandé et il se retrouvait englué dans mes difficultés familiales. J'étais toutefois heureuse de constater que mon frère lui apportait son soutien, il faisait en sorte de dédramatiser la situation avec une tape sur l'épaule et une parole gentille. Il était pourtant le meilleur ami de mon mari depuis toujours, mais il savait lui dire quand il allait trop loin. Il est intervenu plus d'une fois… Je m'excusais platement auprès de Marving pour ce qui venait de se passer, mais il ne m'en tenait pas rigueur, il aurait aimé me protéger davantage, et je voulais faire la même chose pour lui.

Notre séjour touchait à sa fin, j'avais la gorge serrée rien que d'y penser. Mes filles allaient retrouver leur père et profiter une semaine encore de cet endroit paradisiaque. Sans moi. Elles me manquaient déjà. Et Marving… Lui aussi allait partir. J'avais le cœur lourd tout au long de cette dernière journée. Il le remarquait, je ne pouvais rien lui cacher, j'avais l'impression qu'il lisait en moi comme dans un livre ouvert.

– Tu as l'air triste.

– Non, je ne suis pas triste. J'ai juste une boule au ventre de quitter mes filles… Et de te quitter…

– Tes vacances sont terminées ?

– Pas tout à fait, il me reste une semaine. Une semaine à Guénange où tout le monde me regarde de travers depuis que je me suis séparée de mon mari, ça va être génial.

– Tu ne vas pas retourner à Guénange.

– Comment ça ?

– Tu vas venir passer la semaine avec moi, à Chantilly. On prolonge les vacances, d'accord ?

Mon ange gardien, mon sauveur encore une fois. Depuis l'annonce de mon divorce, j'avais déjà eu plusieurs fois la sensation de démarrer une nouvelle vie. Ce sentiment était encore plus concret à cet instant. Mes angoisses s'envolaient, je n'étais pas seule et j'étais amoureuse, profondément. Ce que je partageais avec Marving était réellement magique, je ne trouvais pas de mots pour le décrire. Il avait toujours la bonne parole au bon moment, il savait me rassurer et me redonner le sourire dans les pires situations. Comment faisais-je avant lui ?

Les bagages étaient pliés, je gardais le moment le plus éprouvant pour la fin, dire au revoir à mes filles. Je les serrai très fort dans mes bras. Pour ne pas verser de larmes, je me concentrais sur le fait qu'elles allaient encore s'amuser toute une semaine, je ne voulais que leur bonheur. J'ai eu du mal à les lâcher, mais je me suis tournée vers Marving qui me souriait et j'ai pu monter dans la voiture. Nous étions en route… Un nouveau départ.

– 8 –

Il faisait toujours aussi beau, le soleil brillait dans tout mon corps. Tout au long du trajet, je ressentais une liberté absolument incroyable. Les paysages défilaient sous nos yeux et nous étions heureux, des projets plein la tête. Les soucis étaient rangés dans un tiroir pour quelques heures. Tout nous paraissait plus léger, nous étions comme deux adolescents ayant l'autorisation de sortir pour la première fois. Malgré la vitesse, nous avions ouvert les fenêtres de la voiture, cheveux dans le vent et musique à fond. Nous écoutions la même chanson en boucle : *My salsa*, de Franglish, et nous chantions en chœur jusqu'à en perdre la voix.

Baby on se barre d'ici, fais tourner l'globe
Fais tes valises et choisis tes plus belles robes
(…)
Mamacita je suis l'homme qui te manquait
(…)
Bonita, viens avec moi, bonita, viens avec moi…

Lorsque nous ralentissions aux abords d'un village, Marving s'amusait à faire chanter les passants avec lui, nous faisions danser les gens en leur communiquant notre joie de vivre, c'était merveilleux. Nous rigolions tellement que j'en avais mal au ventre. Nous relâchions complètement la pression, ma tristesse de la veille s'était évaporée. J'étais désormais prête à tout, j'avais une énergie folle. Marving me nourrissait de ses bonnes ondes et inversement. Nous avions prévu de faire plusieurs vidéos pour TikTok, mais nous étions davantage focalisés sur nous et sur ce bonheur exceptionnel.

Au bout de quelques heures de route, la fatigue commençait cependant à nous gagner et nous étions bien contents d'arriver à Chantilly, dans le petit cocon de Marving. Nous avions à peine la force de décharger la voiture. Une fois les affaires rangées, nous nous sommes tranquillement installés sur le canapé et nous nous sommes préparé un plateau-télé. Nous avions commandé des burgers pour ne pas avoir à faire la cuisine. C'était un moment simple, sans prétention, mais nous nous sentions bien, apaisés. Est arrivé le moment de se coucher. Malgré la confiance immense que j'accordais à Marving, j'avais toujours une certaine retenue, je n'osais pas me dévoiler tout à fait. Je préférais garder un peu de mascara et un trait d'eye-liner pour aller au lit, j'avais toujours peur de le décevoir. Il me laissait faire au début, je n'étais même pas sûre qu'il s'en apercevait. Et un matin, j'ai compris que j'étais… « grillée ».

– Pourquoi tu ne te démaquilles pas avant de dormir ?

– Ah… Tu as donc remarqué ?

– Bah oui, bien sûr. J'espère que ce n'est pas pour de mauvaises raisons.

– C'est-à-dire ?

– J'espère que tu n'as pas peur de te montrer au naturel devant moi.

– J'ai peur que tu sois… déçu…

– J'en étais sûr. Tu crois sincèrement que c'est le maquillage qui te rend belle à mes yeux ? Je commence à te connaître, tu es belle, c'est ta façon d'être, avec ou sans maquillage.

Ses paroles, comme d'habitude, m'ont touchée en plein cœur. J'ai donc retiré tout mon maquillage et me suis présentée à lui, emmitouflée dans un large peignoir blanc à capuche. Je cachais mon visage dans mes mains, il était en train de me filmer. Il voulait absolument que je passe le cap. Après quelques secondes, j'ai répondu à sa demande et j'ai timidement baissé les mains, me dévoilant pour la première fois sans une once de maquillage. J'étais terriblement stressée malgré les encouragements de Marving.

– Regardez comme elle est belle au naturel… Tu es superbe, magnifique.

Je n'en revenais pas, c'était comme si je m'étais mise à nu. Cela peut paraître anecdotique et futile, mais je vous l'assure, ce matin-là a été une véritable étape dans ma vie. J'ai fait tomber le masque. Le maquillage a toujours agi pour moi comme une couche de protection, une barrière contre les agressions de la vie, un camouflage antivulnérabilité. C'était une manière de rester digne dans n'importe quelle épreuve et de faire croire que tout allait toujours bien. Bref, c'était simplement un moyen pour mentir aux autres et me mentir à moi-même, je m'en rendais compte à présent, et c'était une libération. J'avais enfin osé être moi.

*

*   *

Comment faisait-elle pour ne pas remarquer à quel point elle était belle ? Je comprenais ses artifices, j'en étais même fan mais, avec moi, elle n'avait pas besoin de tout ça. Elle était tout aussi merveilleuse à l'extérieur qu'à l'intérieur, et je tenais à ce que tout le monde le sache. J'ai posté sans tarder cette vidéo sur les réseaux. Les gens méritaient de découvrir le diamant brut qui se cachait sous ces longs cheveux blonds. J'avais envie que cette semaine de vacances chez moi soit ressourçante pour elle et, surtout, synonyme de renouveau. C'était ma contribution à sa nouvelle vie et cela semblait fonctionner. Nous passions de très doux moments ensemble. Nous faisions beaucoup de balades autour de chez moi, lorsque j'allais courir, elle me suivait à vélo et nous refaisions le monde sur un carré d'herbe pendant quelques heures. Dans notre quiétude, nous étions souvent interrompus par son téléphone qui sonnait, vibrait, bipait… Et ce n'était pas forcément à cause de ses publications sur les réseaux. Nathalie était à l'affût de nouvelles de ses filles, elles lui manquaient énormément.

C'était certainement réciproque, mais elles montraient une certaine froideur à l'égard de leur mère, probablement influencées par leur père, elles restaient très amères quant à la situation. Elles répondaient à peine à ses textos, excepté pour lui dire : « On ne te reconnaît pas », « C'est quoi cette vidéo que tu as postée ? Ce n'est pas toi, tu as trop changé ». Je la sentais très anxieuse quant à son retour chez elle, je la rassurais comme je pouvais, lui disant que dès que ses filles la verraient, elles sauteraient dans ses bras comme à leur habitude. Ce n'était qu'une question de jours, en attendant, elle devait penser à se détendre car je ne le lui disais pas, mais je savais bien qu'il lui faudrait une sacrée dose d'énergie et de courage pour rentrer chez elle et affronter à nouveau le quotidien dans ces conditions difficiles. La cohabitation avec son mari allait être ardue jusqu'à ce que le divorce soit prononcé. Lorsqu'elle blottissait sa tête contre mon épaule, je sentais toute son inquiétude, j'essayais de rester calme et optimiste pour qu'elle se repose sur moi, qu'elle me confie ses peurs sans filtre. Avec moi, elle pouvait totalement se lâcher, mais il lui fallait encore un peu de temps, je respectais son rythme, il lui restait encore des choses à régler avant de se lancer.

Plus notre amour se dessinait, plus je savais que nous allions devoir déployer de grandes forces pour tenir. Les prochains mois allaient sûrement être difficiles, et pas seulement d'un point de vue familial. Je tentais de préserver encore un peu Nathalie, mais je n'allais pas pouvoir tout lui cacher pendant très longtemps. Notre couple faisait grand bruit sur les réseaux sociaux. Elle avait désactivé les commentaires, elle ne voyait pas tout ce qui se disait, mais certains *haters* s'en prenaient violemment à nous et ce n'était pas près de s'arranger. Nathalie n'avait surtout pas besoin de ça… Un problème à la fois, me disais-je. Pour le moment, je devais moi aussi arrêter de cogiter et prendre soin d'elle pour les quelques jours qu'il nous restait à passer ensemble.

*

* *

Chantilly est une ville de châteaux, d'histoire… J'étais d'ailleurs en train d'en réécrire une où j'étais une princesse, sauvée par mon prince. Mais comme dans tout conte de fées qui se respecte, le dragon n'était jamais loin. Et ce dragon était à l'intérieur de moi. Il me faisait peur autant qu'il me donnait de la force. Il ne me restait plus que vingt-quatre heures à passer auprès de Marving, je devais mettre le feu qui me rongeait de côté, au profit du feu de l'amour. Je ne voulais me passer d'aucun moment de joie avec Marving, je ne voulais pas penser à la fin de nos vacances, mais au début de notre vie future. Et pourtant, cette dernière journée était très difficile, je n'avais aucune envie de partir. C'était atroce d'être partagée entre le besoin intense de revoir mes filles et l'angoisse de me séparer de mon amour. Marving m'a aidée à mettre mes affaires dans la voiture. Nous y allions sac par sac au lieu de tout mettre en même temps, afin de gagner quelques instants ensemble. Il était l'heure de partir. La voiture était chargée, je n'avais plus qu'à rentrer… Une dernière étreinte… Nous avions du mal à nous décoller, le cœur battant et les yeux embués. Nous sommes restés plusieurs minutes comme ça, sans bouger puis, d'un geste, j'ai séché mes larmes et j'ai pris place sur le siège conducteur en lâchant sa main le plus tard possible. Il fallait mettre un terme à ces au revoir qui nous faisaient trop mal. J'ai démarré et je suis partie. Comme un « fait exprès », une musique triste passait pile à ce moment : *See you again* de Charlie Puth et Wiz Khalifa.

It's been a long day
Without you my friend
And I'll tell you all about it
When I see you again[2].

Il ne m'en fallait pas plus. Je ne regardais pas la route, j'avais les yeux fixés sur le rétroviseur dans lequel je voyais Marving, immobile. Combien de temps allait encore durer ce terrible scénario de retrouvailles et de séparations perpétuelles ? Nous restions sur le souvenir d'une semaine idéale où tout coulait de source, pas de quiproquos ni de désaccords, notre relation, même dans le quotidien, était d'une fluidité déconcertante. En roulant, je me refaisais le film de ces derniers jours à Chantilly et je me voyais clairement y habiter. Mais ce n'était pas possible. J'avais mes filles, mon travail, mon divorce n'était pas prononcé, tout était trop compliqué, je devais me retirer ce doux rêve de la tête ou je risquais de tomber

2. Cette journée fut bien longue / Sans toi, mon ami / Et je te raconterai tout ça / Quand je te reverrai. (N.d.E.)

de haut. Pour me remettre un peu de baume au cœur, je pensais à mes petites. J'avais hâte de les retrouver, mais j'avais certaines craintes aussi. Seraient-elles heureuses de me voir ? Comment allaient-elles m'accueillir ? J'avais peur que leur père leur ait monté la tête, je savais qu'il me critiquait énormément. Marving ne serait plus à mon côté pour m'aider.

*
* *

Et voilà. Elle était partie. J'ai attendu qu'elle passe le coin de la rue pour l'apercevoir jusqu'à la dernière seconde. J'étais là, sans bouger sur le trottoir. J'ai fini par rentrer et me précipiter sur le balcon pour vérifier si je pouvais encore entrevoir sa voiture. Mais non. Plus rien. J'ai refermé la fenêtre et n'ai pu constater que le vide. Je ne savais même pas dans quelle pièce aller, je me laissais guider par son parfum qui flottait un peu partout. Après quelques minutes à déambuler, je me suis assis sur le canapé. Mon téléphone était sur la table basse, je l'ai repris en main après l'avoir laissé de côté pendant près d'une semaine. Avec le départ de Nathalie, il redevenait mon allié car il était le seul moyen de me rapprocher d'elle, notre unique outil de communication. En ce sens, il devenait un objet précieux. Je ne tardai pas à lui envoyer un message vocal d'ailleurs. J'avais besoin de lui dire que c'était dur sans elle, qu'elle me manquait, je voulais qu'elle revienne au plus vite. Je faisais toutefois attention à mes mots, je ne pouvais pas me permettre de faire le gamin capricieux. Elle avait sa vie en Moselle, des responsabilités. Il était trop tôt pour que je m'impose bien que notre relation fût une évidence. Il n'était pas question de lui infliger une quelconque pression. Je n'avais plus qu'à attendre… Mais attendre quoi ? Et jusqu'à quand ? Mon téléphone s'est mis à sonner, j'ai sursauté. Ce n'était pas elle, je n'avais pas envie de décrocher. Je voulais juste qu'on me laisse tranquille quelques heures. J'allumai la télévision pour la première fois depuis plusieurs jours. Nathalie et moi nous étions quelque peu coupés du monde. Pour nos balades, nous privilégions des marches en forêt pour être seuls, en amoureux. Nous avions besoin d'être centrés sur nous-mêmes, d'apprendre à nous connaître davantage, bien que nous ayons eu l'impression d'être ensemble depuis toujours. Maintenant qu'elle était partie, je ne savais pas quoi faire. J'avais du travail, des projets à réaliser, mais je n'avais ni la motivation ni le courage. Je regardais l'écran sans rien comprendre à ce que je voyais, je passais mon temps à zapper dans l'espoir d'être happé par un programme qui me ferait oublier mon coup de blues. La journée s'est déroulée ainsi, entre messages d'amour à Nathalie et heures d'ennui dans mon salon. La nuit commençait à tomber lorsqu'elle m'a appelé, elle était bien arrivée. Ses filles n'étaient pas encore rentrées de vacances, elle était seule, elle aussi, dans son appartement. J'aurais tellement aimé être avec elle et la prendre dans mes bras…

*

* *

Trois heures et demie de route… Ce n'était pas assez long à mon goût, pas assez long pour dissoudre cette boule que j'avais dans le ventre. À la vue du panneau « Guénange », mon anxiété s'accroissait. J'avais à présent cette ville en horreur, je m'y sentais presque comme une pestiférée. J'étais devenue le sujet de conversation préféré des personnes connaissant mon mari. Aux abords de mon immeuble, je tournai de longues minutes pour pouvoir me garer, comme un symbole : je n'y avais plus ma place. J'ai finalement trouvé, derrière l'immeuble, et j'ai déchargé ma voiture. Ma valise dans une main, mon vanity et mon sac à chaussures dans l'autre, je rejoignais mon appartement. Je peinais à enfoncer ma clé dans la serrure, était-ce un signe pour que je n'entre pas ? Il n'y avait personne, j'étais soulagée et déçue à la fois, j'aurais aimé embrasser mes filles avant toute chose. Je ne savais pas à quelle heure elles arriveraient. Je me suis donc occupée de mes affaires en attendant, j'ai rangé mes vêtements, mis une machine à laver en route, tout cela avec Marving en Facetime. Je lui faisais partager mes corvées, j'avais l'impression d'être moins seule et, surtout, moins loin de lui.

Vers 22 heures, alors que j'allais enfin faire une pause, j'ai entendu la porte d'entrée s'ouvrir et un bruit de bagages s'entrechoquant. Elles étaient enfin là ! J'ai couru jusqu'à elles et nous nous sommes prises dans les bras, c'était un grand bonheur de sentir à nouveau toute leur affection, elles ne me repoussaient pas et étaient visiblement contentes de me voir. Je leur demandai de me raconter leurs vacances, elles ne disaient pas grand-chose. Leur père était derrière elles, il ne m'a pas adressé la parole, il a rangé ses affaires et est allé se coucher. Il n'a pas fallu longtemps aux filles pour délier leurs langues. Elles m'ont avoué que leur père ne faisait que de parler de moi, me critiquer ainsi que ma relation avec Marving. Cela me faisait du mal, bien sûr, mais ce serait mentir de dire que j'étais étonnée. Il avait besoin de parler de moi et de me rabaisser, comme il l'avait fait cette semaine dans tout Guénange. Je n'ai même pas voulu en discuter avec lui. D'une part, cela n'aurait fait qu'envenimer la situation et, de l'autre, sachant que cet homme n'avait jamais tendu l'oreille pendant notre vie commune, il n'allait pas commencer maintenant alors que nous étions en pleine séparation. Les discussions auraient été vaines, donc pourquoi bêtement perdre du temps et de l'énergie ?

Il nous restait encore une semaine avant la rentrée. Nous partagions équitablement notre temps avec nos filles. Elles avaient retrouvé leur entrain. La cohabitation de leurs parents séparés était une situation qui semblait tout à fait leur convenir. Elles avaient les meilleurs moments avec papa et les meilleurs avec maman. Cependant, je voulais qu'elles prennent conscience que cela ne pouvait durer ainsi, et je ne voulais pas non plus que leur père ait un quelconque espoir que nous nous remettions en couple. Un jour, il a emmené les filles déjeuner dans un restaurant situé sur les berges de la Moselle. Ils passaient tous les trois un agréable moment qui, visiblement, l'a rendu nostalgique. Il m'a envoyé une photo accompagnée d'un message : « Il manque quelqu'un. » Je l'ai ouvert et je n'y ai jamais répondu. Il voyait qu'il me perdait complètement, il savait que j'étais avec Marving et que je démarrais une nouvelle vie, sans lui. J'avais subi sa phase de colère et, maintenant qu'il s'était radouci, il essayait de faire en sorte que j'aie pitié. Aucun stratagème ne pouvait plus fonctionner auprès de moi, c'était terminé, depuis déjà très longtemps. De retour à la maison, constatant son échec, il s'enfermait à nouveau dans son silence. Quelques jours de tension plus tard, c'était enfin la rentrée. Les filles semblaient plutôt satisfaites de retourner à l'école. Quant à moi, j'étais ravie de retrouver le bureau après des semaines de télétravail, contente de pouvoir me reconcentrer sur mes tâches, revoir mes collègues… cela m'évitait de ruminer mon divorce et j'étais plus libre pour échanger avec Marving. Je devais d'ailleurs le rejoindre à Chantilly à la fin de la semaine. J'attendais cela avec impatience. Je n'avais pas envie de quitter mes filles, mais j'étais heureuse de sortir de cet appartement que je ne pouvais plus voir en peinture. J'essayais autant que possible de me mettre à leur place. Partager leur temps avec papa ou maman devait être difficile, je culpabilisais profondément. Rien n'aurait pu me faire changer d'avis malgré tout.

Nous avons tous repris notre rythme de croisière (enfin, une croisière émaillée de quelques tempêtes quand même !) et j'avais l'impression que mon ex-mari se laissait gagner par la raison. Il venait de trouver un appartement dans le haut de Guénange, c'était une grande étape dans notre séparation. Les tensions et critiques perduraient, mais les choses semblaient évoluer dans le bon sens. Les petites étaient avec moi la semaine et avec leur papa le week-end pendant que je partais rejoindre Marving. Durant cette période, je continuais les vidéos sur TikTok et je dois avouer qu'elles m'apportaient un complément de revenu très intéressant, je commençais à me poser de réelles questions sur la suite de ma carrière… Je n'étais toutefois pas encore prête à changer du tout au tout. Il valait mieux fonctionner étape par étape. Je devais, avant toute chose, m'assurer que mes filles allaient bien et que le divorce ne les perturbait pas trop. J'en parlais énormément avec elles, je me rendais disponible pour répondre à toutes leurs questions et inquiétudes.

Ma quarantaine chamboulait beaucoup de choses en moi, j'avais des milliers d'interrogations dans ma tête, je ne savais pas par où commencer. Un week-end lors duquel je me trouvais avec Marving, une idée particulière me trottait dans la tête…

– Tu sais, j'ai entendu dire qu'à l'endroit où je travaille, on pouvait, dans certains cas, se voir accorder un congé sabbatique.

– Vraiment ? Tu pourrais peut-être en profiter pour lancer ta carrière sur les réseaux sociaux, non ?

– C'est bien ce à quoi je pensais. Je pourrais créer une microentreprise sans perdre mon travail. Si cela ne fonctionne pas, je récupère mon job un an plus tard.

– Et en attendant, tu viens vivre ici !

Waouh… Cela devenait concret. C'était effrayant, mais si excitant à la fois ! J'avais l'impression d'être sur la bonne voie, de toucher mon rêve du doigt. Bon, je devais quand même me montrer pragmatique, j'avais encore beaucoup de choses à organiser avant que tout cela devienne réel.

C'est donc avec ces idées à l'esprit que je suis repartie chez moi le dimanche après-midi. Je me demandais comment en parler aux filles. Si mon congé sabbatique était effectivement validé, accepteraient-elles de me suivre à Chantilly ? Comment le prendrait leur père ? J'étais tiraillée par toutes ces questions à mon arrivée à Guénange. Brrr... Ce panneau me faisait décidément de plus en plus froid dans le dos. J'avais désormais cette ville en horreur. Mon mari m'y avait fait une terrible réputation, j'étais cataloguée comme la s***** du coin, celle qui avait trompé et quitté son mari pour un « jeunot ».

J'avais honte de sortir, je ne me rendais même plus dans les magasins à ma guise, on me regardait de travers en permanence, j'étais, en quelque sorte, la risée de la ville. « Juger sans savoir » était devenue la nouvelle devise de tous ces gens qui ne savaient pas comment remplir leurs vies... Guénange me dégoûtait et tout ce qui s'y était passé m'avait détruite. J'avais peut-être besoin d'en prendre conscience à nouveau car, en une minute, ma décision était prise. J'en étais sûre désormais, je devais partir d'ici ! Dès le lendemain, je déposai ma demande de congé sabbatique pour une année, je m'adressai directement au département de la CPAM duquel je dépendais, celui des maladies professionnelles. Il ne me restait qu'à attendre la réponse et en parler à mes enfants. Elles ne l'ont pas mal pris, je crois qu'elles ne se rendaient tout simplement pas compte que ce congé, s'il était accepté, serait synonyme de déménagement. Sans trop les brusquer, je leur faisais comprendre que je serais ravie qu'elles me suivent. Je voulais leur laisser du temps pour réfléchir, faire le point, ce n'était pas une décision à prendre à la légère. Et il fallait que je trouve les mots.

Le verdict allait bientôt tomber. Ma demande était officielle depuis plusieurs semaines au travail, j'étais avec Marving pour attendre la réponse. Serrés l'un contre l'autre, nous étions impatients, stressés et nous n'avions plus de sang dans les mains à force de croiser les doigts. Soudain : « Ding », le mail est arrivé. Avant de l'ouvrir, Marving et moi nous sommes regardés profondément. Le rêve de notre nouvelle vie tenait à un tout petit mail. Je le lisais…

« Madame… Nous avons le plaisir de vous informer que votre demande de congé sabbatique a été… »

– Acceptée ! Acceptée, Marving ! Ma demande a été acceptée !

Mon Dieu… nous y étions ! Mon rêve allait devenir réalité ! Nous nous sommes mis à pleurer tous les deux, l'émotion était énorme, nous n'avions presque pas de mots.

– Bon, alors… Tu m'accueilles chez toi ?

– Plutôt deux fois qu'une !

– Et… mes filles ?

– Je ferai tout pour que tu sois heureuse et elles aussi.

– 9 –

Après l'envolée lyrique, l'atterrissage... Je devais annoncer la nouvelle aux filles, à mon ex-mari, ma famille, mes proches et organiser les prochains mois. Je voulais y aller doucement afin que nous trouvions tous nos repères avant un nouveau bouleversement. Ce que mes filles vivaient n'était déjà pas évident, elles voyaient chaque jour notre appartement familial se vider un peu plus. Leur père passait régulièrement chercher des meubles ou accessoires pour aménager son nouveau logement, de mon côté, je n'avais besoin de rien. Elles se doutaient bien que, moi aussi, j'allais refaire ma vie. Je les habituais petit à petit à cette nouvelle situation. Nous gardions notre rythme habituel pendant la semaine et, le week-end, elles rejoignaient leur papa tandis que j'allais retrouver Marving.

J'étais heureuse, mais… épuisée. La cadence était rude. Je me levais chaque jour à 5 h 30 pour commencer à travailler aux alentours de 7 heures. J'avais cette chance de pouvoir profiter des horaires variables et je me trouvais bien plus efficace tôt le matin. Le soir, je m'occupais de mes filles, passais du temps avec elles, et ce n'est qu'après que j'avais la possibilité de communiquer avec Marving. Nous avions toujours tant de choses à nous dire que je me couchais rarement avant 2 heures du matin. J'avais une bonne énergie et l'amour me faisait tenir… Mais jusqu'à quand ? Je commençais à accuser le coup. Un vendredi, alors que je m'apprêtais à rejoindre Marving, je sentais la lourdeur de mes paupières et la mollesse de mon corps. Assise dans ma voiture, j'avais à peine assez de forces pour démarrer. L'intensité de la semaine pesait sur tous mes membres. J'ai dû faire une micro-sieste sans m'en apercevoir car je me sentais légèrement mieux au bout de quelques minutes. J'ai donc pris la route pour rejoindre mon amoureux.

Il m'attendait avec impatience. Arrivée sur place, j'ai sauté dans ses bras. Avec lui, c'était toujours comme au premier jour, et même plus fort chaque fois. Nous avons mangé tout en nous dévorant des yeux, je tentais désespérément de contenir ma fatigue et mes bâillements. Lorsque nous nous sommes installés sur le canapé, je ne pouvais plus lutter, le sommeil était en train de me gagner, j'étais vidée.

*

* *

Elle s'est endormie. Elle venait tout juste d'arriver et elle s'est endormie. J'ai attendu Nathalie toute la semaine, ne pensant qu'à elle et à nos retrouvailles, et finalement, rien. C'était presque comme si je n'existais pas. Je voyais bien que ses yeux étaient dans le vague depuis son arrivée, mais je ne m'attendais pas à cela. Comment était-ce possible ? L'envie et la joie d'être ensemble étaient censément plus fortes que le sommeil ! En ce qui me concerne, j'aurais été incapable de fermer un œil. Je me sentais mal tout à coup. Je m'en voulais, mais je ne pouvais m'empêcher de penser que je ne comptais peut-être pas tant que ça pour elle. Une angoisse était en train de monter en moi. Et si tout cela n'était que du vent ? Et si j'étais juste un exutoire pour elle après son mariage malheureux ? Après tout, j'avais déjà entendu parler de la fameuse crise de la quarantaine, je n'étais peut-être qu'une simple étape, un accessoire lui permettant de relancer sa vie ? La tristesse me gagnait, j'avais l'impression de replonger dans mon passé. Ce passé où mon père m'avait abandonné, où mes « camarades » m'avaient rejeté. Je me faisais des nœuds au cerveau, cette soirée était atroce. J'étais finalement encore plus seul que lorsque Nathalie était chez elle. Je ne pouvais pas la réveiller, je ne pouvais pas le lui dire, j'étais tétanisé par mes pensées sombres. Je faisais les cent pas dans mon appartement, je m'en usais les jambes. Puis je me suis laissé tomber sur le sol, assis au premier endroit venu. J'avais besoin d'être recroquevillé, enveloppé, confiné… je me suis mis à pleurer, le plus discrètement possible, mais c'était incontrôlable, comme quand j'étais petit, je voyais mes espoirs d'une nouvelle vie s'évaporer dans mes larmes. Est-ce que je m'étais encore bercé d'illusions ? C'était possible, je n'avais jamais vraiment été heureux, je ne voyais pas pourquoi cela pourrait changer. La même histoire recommençait, inexorablement, le bonheur n'était sûrement pas pour moi. Je n'avais pas l'impression d'exagérer, c'était un pressentiment. Et il me rongeait de l'intérieur et à l'extérieur. J'étais crispé, j'avais du mal à respirer.

*

* *

Je me suis réveillée en sursaut. Je m'étais endormie comme une masse, sans rien voir venir. Il m'a fallu quelques secondes pour savoir où j'étais. OK, j'étais chez Marving, mais… Je me trouvais toute seule sur son canapé. Où pouvait-il bien être ? Je mobilisai le peu de forces qu'il me restait pour me lever et le retrouver.

– Marving ? Où es-tu ? Marving ! Réponds-moi !

Rien. Le silence total. Son appartement n'était pas si grand, mais Marving demeurait introuvable. Je commençais sérieusement à m'inquiéter quand je me suis approchée du bureau qui nous servait plutôt de dressing. Oh ! mon Dieu ! Il était là, assis par terre, recroquevillé sur lui-même. Je me précipitai vers lui.

– Marving, tu m'as fait peur ! Mais qu'est-ce que tu as ?

Il ne me répondait pas et ne me regardait même pas.

– Je t'en prie, parle-moi, tu me fais peur, que se passe-t-il ?

Je tentais d'être la plus douce et la plus réconfortante possible, je le prenais dans mes bras, lui caressais les cheveux, mais il ne décrochait pas un mot. Je ne savais pas si je devais insister ou le laisser tranquille. La petite voix à l'intérieur de moi me poussait à rester près de lui et à le serrer très fort. Au bout de quelques minutes et d'au moins dix mille questions, il s'est enfin adressé à moi.

– Tu t'en fous de moi.

– Quoi ? Mais comment tu peux dire ça ? C'est parce que je me suis endormie ?

– Le fait que tu dormes veut dire plein de choses.

– Comment ça ?

– Tu m'as laissé.

– Pas du tout, je te promets, je ne pouvais pas lutter contre le sommeil, je suis fatiguée, tu n'imagines pas à quel point.

– Et toi, tu n'imagines pas à quel point je me sens seul.

– Pourquoi réagis-tu comme ça ? Explique-moi, je t'assure, je ne comprends pas.

– Ça ne sert à rien que je t'explique. C'est comme ça, c'est tout, j'ai compris.

– Mais compris quoi ?

– Laisse tomber, je n'ai pas envie de parler, là.

J'étais désemparée. Il allait mal, mais je ne comprenais pas pourquoi, et je n'avais aucune idée de ce que je pouvais faire. Je décidai de le laisser seul quelques minutes, j'allais peut-être y voir plus clair. Mon esprit était tellement embué par la fatigue que j'avais du mal à percuter. Je suis retournée dans le salon. Malgré le stress et l'incompréhension, je sentais à nouveau mes yeux se fermer quand j'ai entendu une porte claquer. C'était celle de la salle de bains. Bien réveillée cette fois, je me suis rendue auprès de Marving. Enfin… près de la porte. Je frappais une, deux, trois fois, il ne me répondait pas.

– Marving, que se passe-t-il ? Je n'aime pas te voir comme ça, explique-moi, parle-moi, s'il te plaît. J'ai vraiment mal au cœur.

Au bout d'un quart d'heure, j'ai décidé d'ouvrir la porte. Tant pis s'il ne le voulait pas, j'étais trop inquiète. Je l'ai retrouvé assis par terre, prostré, malheureux. En silence, je suis venue m'asseoir à côté de lui, je lui ai pris le menton pour le regarder droit dans les yeux.

– Qu'est-ce que tu as, Marving ?

Il ne soutenait pas mon regard. Je le voyais en souffrance et j'ai commencé à lui parler.

– Mon amour, je ne comprends pas pourquoi tu as réagi comme ça. Je suis réellement épuisée, mon rythme est complètement fou en ce moment, je dors à peine quatre heures par nuit, j'ai travaillé toute la semaine, fait de la route. Je n'avais plus aucun pouvoir sur mon corps.

– Je comprends ces contraintes. Je me dis juste qu'il y a peut-être un décalage entre nous. Moi, peu importe la fatigue, le bonheur de te voir me ferait tenir.

– Tu crois que je ne suis pas heureuse d'être avec toi ?

– Je n'en sais rien. Tu sais, moi, on m'a toujours laissé. Laissé tomber, abandonné…

Là, j'ai compris. Nous avons échangé des heures, assis tous les deux sur le carrelage de la salle de bains. Je n'avais pas pris la mesure de tout ce qu'il avait pu vivre. Son passé lui causait tant de souffrance encore aujourd'hui. Le divorce de ses parents, le comportement de son père, ces quatre années affreuses de harcèlement scolaire… De tout cela résultait à présent une plaie à vif.

– Tu sais, mon cœur, en aucun cas je ne te veux du mal. Je t'aime, je suis là pour t'aider, te chérir, te soutenir. Tu peux te confier à moi et tout me dire.

Je lui répétais à quel point il comptait pour moi et je sentais peu à peu l'atmosphère changer dans la pièce. Je le rassurais. Sa respiration ralentissait, j'étais parvenue à rétablir une certaine connexion entre nous. Je ne le savais pas encore, mais nous allions vivre, quelques autres scènes de ce type avant de nous installer ensemble. Un simple endormissement rapide de ma part avait déclenché un profond malaise chez lui, mais également des discussions essentielles. Il souffrait de son passé, de la peur de l'abandon, du manque d'attention et d'être laissé pour compte. Cela allait changer avec moi, c'était certain, je voulais soigner ses blessures et l'assurer qu'il pouvait avoir une confiance absolue en notre couple. J'avais envie d'accélérer les choses pour que nous puissions vivre ensemble au plus vite.

De retour à Guénange ce dimanche soir, j'ai eu envie de prendre le taureau par les cornes. Il n'était plus question d'attendre, j'annonçais à tout le monde ma décision de partir. Mes filles s'y attendaient et me disaient en être heureuses. Pour autant, j'avais l'impression qu'elles ne se rendaient pas tellement compte, ce n'était pas encore concret dans leur esprit. Quant à leur père, la grosse phase de colère étant passée, il ne l'a pas mal pris. Il ne m'a pas jugée, il n'a pas non plus eu de paroles déplacées. Le respect et la bienveillance étaient-ils en train de s'installer entre nous ? Je ne pense pas. Mais nous étions sur la bonne voie. Tout le monde semblait bien prendre la nouvelle. Quant à ma mère, du moment que sa fille était heureuse…

Mon dernier jour de travail fut joyeux, j'avais eu droit à des encouragements et même à des félicitations de ma responsable en personne. Elle était venue me saluer pour me souhaiter bonne chance dans ma nouvelle carrière. Cela me faisait plaisir de constater que mes décisions suscitaient des réactions positives.

C'était le grand jour, celui de mon départ. Je pensais que vider l'appartement serait rapide. Les affaires des filles étaient chez leur père, je ne prenais aucun meuble, seulement l'essentiel, mais j'avais visiblement beaucoup d'essentiels. Ma mère et mon beau-père étaient gentiment venus m'aider. Ma voiture était garée sur le trottoir en face de notre immeuble. Elle était pleine à craquer, j'avais rabattu les sièges pour que tous mes sacs puissent tenir. Ils étaient essentiellement remplis de vêtements, je ne me doutais pas que j'en avais autant. Je décidais d'emmener également ma sauteuse et quelques plats à gratin dont je n'aurais pu me passer pour cuisiner. Nous étions tous les trois en train de jouer à Tetris pour tout caser dans le coffre, sous le regard de mes filles qui semblaient ne pas bien comprendre ce qu'il se passait.

– Mais maman… Tu pars vraiment ?

– Mes chéries, je vous ai expliqué… Je n'ai pas le choix, je ne peux plus rester ici… Il y a trop de souvenirs, trop de tensions, je dois redémarrer à zéro.

Elles ne me répondaient pas.

– Je reviendrai en fin de semaine, je vous le promets.

Elles avaient décidé de ne pas venir avec moi. Je pouvais les comprendre, mais je n'arrivais pas à m'y faire. C'était la plus difficile de toutes les séparations que j'avais pu connaître. Je les serrais dans mes bras comme pour m'imprégner d'elles au maximum. Elles pleuraient… moi aussi. Je suis montée dans la voiture et je suis partie. J'apprendrais plus tard qu'elles me faisaient des signes de loin auxquels elles attendaient une réponse, mais ma voiture était tellement pleine que je ne voyais rien dans mon rétroviseur intérieur. Elles me diraient aussi que, ce jour où je suis partie, elles s'étaient senties abandonnées. Je ne pouvais rien entendre de plus douloureux. J'avais tant de mal à les laisser et j'avais justement peur qu'elles vivent mon départ comme un abandon. Si elles avaient su à quel point je les aimais, elles ne se seraient jamais mis cette idée en tête. En aucun cas je ne considérais cela comme un abandon, elles si. Je ne pensais pas non plus qu'elles choisiraient de vivre avec leur père et que j'allais rester si longtemps loin d'elles. Tout ne passait donc pas comme je l'avais espéré. J'étais face à un terrible dilemme, je devais absolument quitter cette ville pour mon bien-être et ma santé mentale, mais je devais trouver une solution pour ne pas être séparée de mes filles. Lors de mes premiers mois à Chantilly, j'allais dépenser une fortune en billets de train pour les faire venir, mais un séjour et le quotidien, ce n'est évidemment pas pareil.

Oui, ce 5 novembre 2020 marquait le début de ma nouvelle vie, épanouie mais encore emplie de cicatrices. Marving et moi étions le couple le plus heureux au monde, mais le manque de mes filles se faisait douloureusement sentir.

La nuit était tombée lorsque j'ai rejoint Marving à la gare du Nord. Mon cœur battait à cent à l'heure, j'avais l'impression de me jeter dans l'inconnu et de le rencontrer pour la première fois. Nous nous sommes pris dans les bras, sans parler, ce que nous ressentions était fort et se passait de commentaires. Puis il est monté dans ma voiture et a rompu le silence avec un grand éclat de rire. Je n'ai pas compris tout de suite, puis il a pris une de mes chaussures qui traînaient sur son siège : une plate-forme de cinq centimètres et un talon de dix-sept centimètres.

– Je vais vraiment devoir vivre avec cette horreur ?

J'ai ri avec lui, l'ambiance était plus détendue. Je peux remercier cette affreuse paire de chaussures que j'avais achetée spécialement pour mes vidéos TikTok. Arrivés à Chantilly, nous avons rapidement déchargé ma voiture et j'ai déposé tous mes sacs en vrac dans son dressing. J'avais tellement d'affaires, c'était hallucinant, je ne lui montrais pas que j'étais paniquée à l'idée de devoir tout trier et ranger. J'essayais de minimiser l'étendue des dégâts avant qu'il ne me rejoigne dans la pièce. Je ne voulais pas l'effrayer, mais c'était peine perdue…

– Waouh ! On voit qu'il y a une femme ici ! dit-il en regardant toutes mes chaussures exposées comme des œuvres d'art.

Je ne répondais pas, je me contentais de guetter sa réaction. Il m'a alors adressé le plus doux des regards et j'ai compris que, malgré le bazar que j'avais rapporté, il était heureux. J'étais épuisée mais comblée, cette première soirée était particulièrement agréable. Nous nous sommes concentrés sur nous deux, loin des téléphones, messages et commentaires.

– On va être heureux, je te le promets, ma chérie.

– Je n'ai aucun doute là-dessus, bébé.

Je me disais pourtant qu'il nous restait bien des épreuves à surmonter, j'avais une sorte de pressentiment.

Le lendemain matin, nous avons commencé à mettre en place notre quotidien. Nous sommes allés faire des courses et nous promener dans les rues. Les regards étaient insistants sur nous, certaines personnes venaient même nous parler. Leurs mots étaient plutôt bienveillants, ils nous saluaient, nous disaient qu'on était un « super couple », nous souhaitaient beaucoup de bonheur ensemble. Mon emménagement faisait beaucoup de bruit, j'avais posté une vidéo à ce propos sur TikTok, je n'avais pas encore eu le courage de regarder les commentaires, mais les réactions des gens dans la rue étaient encourageantes. Je constatais que Marving consultait beaucoup son portable, il faisait parfois une moue, mais ne me disait rien. Il voulait me préserver, je n'étais pas prête à me confronter à des attaques, pas maintenant, je me sentais vulnérable. J'avais peu de nouvelles de mes filles et un certain vide dans mon cœur. Je les ai retrouvées quelques jours plus tard lors de mon retour en Moselle. Leurs sourires et leurs câlins m'ont redonné l'élan de confiance qui me manquait. Nous avons passé des heures à rire et discuter comme si je n'étais jamais partie.

– Tu nous manques, maman.

– Vous aussi, mes puces, vous me manquez tellement. J'aurais tant aimé que vous veniez avec moi, mais je ne peux pas vous imposer ça.

– On aimerait aussi être avec toi. Mais on ne connaît personne dans l'Oise, on serait perdues.

– Tout se passe bien avec papa ?

– Oui, tout se passe bien. Il est très gentil, mais il n'est pas souvent là. Il travaille toujours autant.

– C'est parce qu'il veut le meilleur pour vous.

– On le sait, mais on a tendance à se sentir un peu seules.

– Vous pouvez m'appeler quand vous voulez, et sachez que je vais revenir souvent tant que le divorce n'est pas prononcé.

C'était vrai, je faisais beaucoup d'allers-retours pour régler les formalités du divorce. À mon grand étonnement, tout se passait pour le mieux avec mon futur ex-mari. Les relations étaient apaisées, nous savions tous les deux que nous étions arrivés à la fin de notre histoire et l'animosité qu'il pouvait y avoir entre nous s'était envolée. Nous n'avions jamais aussi bien discuté que depuis que nous étions séparés. Nous voulions le bien des filles et étions prêts à prendre un nouveau départ chacun de notre côté. Quelques mois plus tard, c'était le grand jour. Nous nous sommes suivis en voiture pour formaliser définitivement notre divorce à Thionville. Ensemble, nous avons monté les marches du bâtiment pour rejoindre nos avocats respectifs. L'ambiance était solennelle, mais pas tendue. À tour de rôle, nous avons paraphé notre convention de divorce. Nous n'étions pas en train de vivre une épreuve – nous avons même ri avec nos avocats –, nous étions en train d'enfin concrétiser notre séparation. Il n'y avait pas d'amertume ni de rancœur, nous savions pertinemment que nous avions bien fait. Et voilà, c'était acté. Après les différentes poignées de main, nous sommes sortis de l'immeuble côte à côte. Une fois dehors, j'ai aperçu une larme au coin de son œil.

– Pourquoi tu pleures ?

– Ça fait bizarre… On raye vingt-cinq ans d'une vie.

Je lui donnais une petite tape affectueuse sur l'épaule.

– Ne pleure pas, c'est ce que nous avions de mieux à faire.

– Oui, je sais, mais ça fait quand même un petit pincement.

C'est vrai que c'était étrange. Une larme et un petit pincement pour mettre fin à vingt-cinq ans d'union. Comme quoi, l'être humain est capable de se remettre de tout, de rebondir et d'avancer. De retour à Chantilly, j'étais soulagée, enfin divorcée. J'avais récupéré mon nom de jeune fille et j'avais le sentiment de repartir de zéro. Oui, je pouvais le dire, j'avais réussi. Mon couple allait mal depuis si longtemps, je restais pour les enfants et parce qu'il y avait toute une histoire derrière, un mariage, une grande famille… J'ai finalement passé le cap et je ne regrettais rien.

Lorsque j'ai raconté cette journée à Marving, il a fait preuve de beaucoup de retenue. Il n'a pas sauté de joie, il se contentait de m'écouter et de me prendre la main. Il ne voulait pas s'immiscer dans mon divorce et témoignait de beaucoup de respect à l'égard de mon mariage et de mon ex-mari. Cette humilité était bien représentative de sa maturité et de sa force de caractère.

– Tu es content ? Soulagé comme moi ?

– Je ne peux pas dire que je sois content. C'est difficile de mettre fin à un mariage, à toute une partie d'une vie. J'espère que dorénavant tout se passera bien avec ton ex.

– Je pense que c'est bien parti, oui. Il était d'accord avec moi sur le fait que c'était la seule solution.

– Et les filles ?

– Les filles le savent depuis longtemps, je pense que ça ne leur a fait ni chaud ni froid. Leur problème, c'est mon absence, elles me manquent et je leur manque terriblement.

– Pourquoi ne viendraient-elles pas vivre avec nous ?

– C'est mon souhait le plus cher, mais je n'ai pas le droit de les déraciner. Elles ont leurs écoles, leurs amis, la famille en Moselle. Elles ne seraient pas d'accord pour quitter tout ça. Mais je suis heureuse que tu me le proposes.

– C'est normal, je les apprécie beaucoup et j'ai envie que vous soyez heureuses toutes les trois. Je me porte garant de ton bonheur maintenant.

Les mots de Marving ont fait mouche. L'idée trottait dans ma tête, nuit et jour. J'en parlais par petites touches aux filles au téléphone, mais je ne voulais en aucun cas les influencer, il fallait que ce soit leur décision. En attendant, elles venaient nous voir quasiment toutes les deux semaines et nous passions des moments extraordinaires. Elles s'entendaient bien avec Marving, gaieté et blagues en tout genre rythmaient nos journées, c'était un bonheur… Et toujours un déchirement de se dire au revoir. Plus le temps passait, plus il était difficile de se quitter. Elles avaient régulièrement des coups de blues et je commençais sérieusement à m'inquiéter pour mon aînée… Heureusement, Marving nous soutenait beaucoup toutes les trois et nous ouvrait au dialogue. Je me posais beaucoup de questions… Devaient-elles vivre avec nous ?

*

* *

Je voulais que Nathalie soit pleinement épanouie et que ses filles le soient aussi. Mais était-ce le moment pour que nous vivions tous ensemble ? J'avais peur des épreuves que nous nous apprêtions à rencontrer et qui auraient pu perturber ses enfants, en plus d'elle-même. Au-delà des rires et des bons moments, j'essayais de la préserver, mais je n'allais pas pouvoir lui cacher longtemps ce qui couvait. Je l'avais déjà vécu environ quatorze ans auparavant, je connaissais les prémices… du harcèlement.

– 10 –

– Bébé, où es-tu ? Tu as vu ça ?

Je sentais l'angoisse dans la voix de Nathalie, je savais au fond de moi de quoi elle voulait parler. J'ai pris une profonde inspiration pour aller la rejoindre dans le salon. Elle était debout, complètement crispée, les yeux rivés sur son téléphone, la bouche ouverte.

– Ils ne font que nous insulter !

– Qui ça ?

– Les gens ! As-tu regardé les commentaires sous les vidéos de mon emménagement ?

Je ne voulais pas lui mentir, mais oui, je les avais vus depuis longtemps.

– Tu les avais vus et tu ne m'as rien dit ?

– Ça ne sert à rien de s'attarder là-dessus.

– Comment peux-tu dire ça ? On nous insulte ! C'est d'une violence, je ne peux pas y croire !

À deux doigts de perdre l'équilibre, je l'ai vue vaciller et se laisser tomber sur le canapé sans décrocher le regard de son téléphone. Puis elle s'est mise à énumérer les commentaires malveillants nous concernant.

– « Ça y est, elle est partie chez le jeunot », « on sait pourquoi elle y va… », « elle ne supporte pas de vieillir celle-là »…

– S'il te plaît, arrête de regarder ça. Tu le sais, c'est le jeu, c'est comme ça.

Mais elle ne m'écoutait pas. Elle continuait encore et encore. Elle était touchée en plein cœur et, au fil des minutes qui s'écoulaient, sa voix s'éraillait, elle avait la gorge serrée, prête à pleurer. Elle ne cessait pas sa lecture pour autant.

– « Macron et sa Brigitte », « faut lui dire de préparer son cartable, elle va emmener son Nimbus à l'école ». Comment peut-on écrire des horreurs pareilles ?

– Ce sont des gens jaloux cachés derrière leur écran, tu ne peux rien y faire, ne te laisse pas atteindre…

Aucun de mes arguments n'avait d'impact sur Nathalie. Je crois qu'elle ne m'entendait même pas. Elle était si gentille qu'elle ne comprenait pas la méchanceté ou l'aigreur de certains. Je me disais déjà que le chemin allait être long pour qu'elle l'accepte.

– « Ça va pas marcher », « ils resteront jamais ensemble » … En plus, il y a plein de fautes d'orthographe, ils ne font aucun effort, c'est comme si on était… de la merde ! Ils nous jugent alors qu'ils ne nous connaissent même pas !

Elle était véritablement bouleversée. J'allais devoir la soutenir car ce n'était que le début. Nous avions déjà une certaine notoriété et nous étions très suivis tous les deux sur les réseaux sociaux. Nathalie en faisait peu à peu son métier, je craignais qu'elle ne se décourage et n'arrête tout du jour au lendemain. Je voulais qu'elle trouve en elle la force de ne pas se laisser abattre. Il fallait que je la trouve, moi aussi. J'étais en plein flash-back. Je ne pouvais pas m'empêcher de comparer cette situation à ce que j'avais vécu au collège. Quatre longues années de galère à perdre confiance en moi et raser les murs pour éviter mes harceleurs. J'étais très jeune à cette époque. Aujourd'hui, il fallait que je tienne, pour Nathalie, pour notre amour, pour ses enfants. Ce « cyberharcèlement » avait commencé dès ma première apparition sur TikTok, j'étais avec Nathalie et nous en avions pris plein la figure. Les insultes ne nous atteignaient pas autant à ce moment-là, nous faisions même des vidéos humoristiques pour répondre à nos détracteurs. Là, c'était différent, notre amour et notre vie en commun étaient critiqués, nos sentiments étaient attaqués, ce qui nous rendait bien plus fragiles. J'avais fait une petite pause sur les réseaux sociaux pour ne plus avoir à faire face à ces commentaires et me concentrer uniquement sur Nathalie et son bien-être. La méchanceté nous avait cependant rattrapés et nous devions nous battre. Nous battre contre nous-mêmes pour ne pas sombrer.

– Ils critiquent tous notre différence d'âge, me dit-elle d'une toute petite voix, la tête baissée.

– Et alors, plein de couples ont dix ou vingt ans de différence, ça ne les empêche pas de s'aimer !

– Oui, je suis d'accord, mais généralement, ce sont les hommes qui sont plus âgés que les femmes.

– « Généralement » ? On n'est pas là pour faire comme les autres. L'amour ne se commande pas, point barre. Tu ne peux pas laisser des haineux régir ta vie !

– Je ne sais pas si j'aurai le courage d'affronter ça.

– Bien sûr que tu l'auras ! Tu es une lionne, pas une brebis.

*

* *

Les paroles de Marving résonnaient en moi comme une chanson réconfortante. Oui, j'étais une lionne, prête à me battre pour mon amour. J'avais passé en revue tous les commentaires négatifs, mais je ne devais pas oublier qu'il y avait aussi quelques messages sympathiques.

– Tu as raison ! Allez, on sort, on va se changer les idées !

Je reprenais du poil de la bête et entraînai Marving à l'extérieur. Nous sommes alors tombés nez à nez avec le voisin qui s'est mis à me fixer d'un regard noir.

– Qu'est-ce qui lui arrive ? Pourquoi il me regarde comme ça ?

– Je crois qu'il n'a pas trop apprécié ton emménagement.

– Pour quelle raison ?

– Je pense qu'il n'apprécie pas trop d'avoir un couple de TikTokeurs dans le voisinage.

– Qu'est-ce que ça peut lui faire ?

– Je ne sais pas… Il doit se dire qu'on va foutre le bordel, faire du bruit ou la fête tout le temps… Ou peut-être qu'il est jaloux parce que tu es avec moi et pas avec lui…

– C'est n'importe quoi !

L'homme en question continuait à me défier du regard, il me faisait froid dans le dos. Je me demandais vraiment si les gens étaient devenus fous.

Cette petite balade m'a revigorée ! Nous sentions bien les regards appuyés des passants, mais j'arrivais à passer outre, main dans la main avec mon chéri, je profitais pleinement de notre bonheur à deux. Avant de rentrer, nous avons fait un détour par le supermarché, je voulais acheter de quoi cuisiner un petit repas romantique à Marving, afin de poursuivre sur cette belle lancée d'optimisme. Après les courses alimentaires, direction le rayon scolaire, je tenais à acheter quelques articles pour mes filles, elles devaient venir nous voir le week-end suivant et je voulais qu'elles se sentent comme chez elles. Une dame d'une cinquantaine d'années n'arrêtait pas de nous regarder, ce n'était ni méchant ni accusateur. Je lui ai donc adressé un sourire auquel elle a immédiatement répondu. Elle s'est approchée de nous pour nous parler.

– Je ne voulais pas vous déranger, mais j'aimerais vous dire quelque chose.

– Bien sûr, nous vous écoutons.

– Mes enfants et moi vous suivons sur TikTok. Et franchement, on ne comprend pas tous ces mauvais commentaires que vous recevez, cela nous fait de la peine. Personnellement, je vous adore. Il ne faut pas faire attention à eux, ce sont des jaloux.

– Vous n'imaginez pas combien vos paroles tombent à point nommé ! Merci beaucoup. Sincèrement.

Elle est repartie avec le sourire et nous aussi. La tendance de la journée semblait s'être inversée, l'énergie positive était de retour et nous faisait beaucoup de bien. Marving me regardait tendrement.

– Tu vois, il y a des gens qui t'aiment aussi. C'est de cet amour que nous devons nous nourrir, le reste importe peu.

– Tu as raison, c'est beau ce qui vient de se passer, cette femme m'a mis du baume au cœur.

Et nous sommes repartis bras dessus bras dessous pleins d'entrain. Arrivés devant la porte d'entrée, impossible d'enclencher la clé dans la serrure.

– Qu'est-ce qu'il y a, demandais-je à Marving.

– Je ne sais pas, je ne comprends pas, on dirait qu'il y a du liquide dans la serrure.

– Du liquide ? Fais voir.

Je regardais la substance qui bloquait notre serrure, c'était visqueux, sale. Je poussais un cri de dégoût.

Marving est finalement parvenu à ouvrir la porte en forçant un peu. Il a fait une grimace en regardant vers l'appartement de son voisin.

– Tu crois que c'est lui qui a fait ça ?

– Cela ne m'étonnerait pas en tout cas.

Cet homme semblait vraiment bizarre et ne m'inspirait rien de bon. Depuis mon arrivée, je nous sentais surveillés, j'étais à présent sûre que cela venait de lui. Il dégageait quelque chose de mauvais.

Ce jour-là, je décidai de faire une pause sur les réseaux sociaux afin de rester dans cette bonne dynamique. Je me consacrai à Marving et à la prochaine arrivée de mes filles. Tout au long de l'après-midi, je me suis évertuée à créer une petite bulle de sérénité autour de nous. J'ai fait du rangement, arrangé deux-trois choses à la décoration, je me sentais vraiment chez moi, chez nous. Le téléphone de Marving s'est mis à sonner, il a répondu et, au bout de quelques secondes de conversation, il est venu me voir.

– Ma mère va passer dans cinq minutes.

– Ta mère ?

J'ai eu un petit moment de panique, je ne l'avais encore jamais rencontrée. J'aurais aimé m'y préparer au minimum, je ne voulais pas lui faire mauvaise impression et je craignais qu'elle ait, elle aussi, des *a priori* quant à notre différence d'âge. J'étais donc un peu nerveuse lorsque j'ai entendu la sonnette retentir. J'ai laissé Marving ouvrir à sa mère et je les attendais en retrait, quelques mètres plus loin, je ne bougeais pas un cil telle une petite fille sage. Elle s'est immédiatement montrée très avenante en arrivant à ma hauteur.

– Bonjour Nathalie, je suis heureuse de te rencontrer.

– Moi aussi, cela me fait très plaisir, depuis le temps que j'entends parler de vous.

– J'ai aussi beaucoup entendu parler de toi, tu t'en doutes… Dis donc, tu fais beaucoup plus jeune que ton âge !

En quelques mots, elle m'avait complètement détendue ! J'espérais lui plaire autant qu'elle me plaisait. Tout était fluide entre nous, elle s'est montrée très chaleureuse, comme si nous nous étions toujours connues. Nous avons parlé de tout et de rien, de mes filles qu'elle avait hâte de rencontrer, des insultes dont nous étions victimes, de la vie en général… C'est simple, Marving ne pouvait même plus en placer une ! Au-delà d'une belle-mère, j'avais le sentiment d'avoir trouvé une amie. Elle m'avait accueillie dans la famille sans aucun préjugé, m'assurant que son fils était heureux avec moi, le plus beau des compliments. Elle a dû repartir au bout de quelques minutes, elle était attendue au travail, j'en étais triste.

– On se revoit vite ! me dit-elle avant de passer la porte.

– J'espère bien !

Après son départ, Marving s'est tourné vers moi, il semblait vouloir recueillir mon impression.

– Ta mère est géniale ! Je l'adore !

– Je n'avais pas de doute, je savais que vous alliez vous entendre.

Quelle journée particulière ! Un véritable ascenseur émotionnel. La vie que je menais avec Marving était loin, bien loin de ma routine maritale. Je me sentais… vivante… comme jamais.

Pleine de bonnes résolutions, je me suis levée le lendemain matin avec une pêche d'enfer. Marving et moi avons décidé d'aller courir tous les deux dans les rues ensoleillées de Chantilly.

C'était une belle journée et nous voulions en profiter. En sortant de l'appartement, Marving m'a retenue un instant, il regardait le sol.

– Qu'est-ce qui t'arrive ?

– Regarde.

J'ai baissé les yeux et ai vu une tonne de mégots de cigarette, dont certains fumaient encore, dans notre entrée et sur notre paillasson.

– Tu crois que c'est encore le voisin ?

– À ton avis ?

– Mais il est malade, ce type ! Qu'est-ce qu'il nous veut ?

– On le dérange.

– Pourquoi ? On ne fait pas un bruit, on ne l'empêche pas de vivre, que je sache !

– Je pense qu'il est légèrement obsédé par nous.

Pour le moment, cela se limitait à une serrure abîmée et des mégots de cigarette déversés, mais je sentais que Marving était inquiet. Que pouvait-il encore arriver ? Cet homme devait avoir une vie bien vide pour faire cette fixette sur nous… Toutefois, malgré le côté pathétique de ses actions, je devais avouer qu'il me faisait un peu peur. Je ne comprenais pas ce qu'il cherchait, à part à nous nuire… Nous faire fuir peut-être ?

Nous avons vite oublié ce mauvais épisode, le sport nous a vidé la tête. En pleine forme et ressourcée, j'étais prête à prendre le taureau par les cornes.

– Tu sais, j'ai bien entendu tout ce que tu m'as dit et j'ai envie de publier une vidéo sur TikTok, je suis assez forte maintenant.

– Ça, c'est ma lionne !

Notre vie étant cadencée par la musique, j'ai décidé de mettre ma chanson du moment en illustration de ma vidéo. Je chantais par-dessus et dansais, je me sentais bien, légère. Évidemment, dès sa publication, les paroles moqueuses ont refait surface, mais j'ai écouté Marving et je me suis concentrée sur les compliments. J'y arrivais enfin, je passais outre, j'étais plus forte que ça ! Je le sentais fier de moi et, pour me soutenir, lui aussi s'est remis à publier. Nous retrouvions l'élan qui nous manquait.

– Ça te dit, une balade à Paris avec les amis ?

– Et comment !

Portée par un dynamisme fou, je me suis changée en quatrième vitesse ! Une heure plus tard, nous étions à Paris, quartier République. Le temps était un peu plus frais, mais nous passions un après-midi très agréable. L'endroit et le moment étaient propices à quelques vidéos légères et amusantes. De retour à Chantilly, nous étions absolument épuisés ! Mes filles arrivaient le lendemain, nous devions nous reposer et être au calme afin de les accueillir comme des reines ! C'est alors que nos portables ont vibré en même temps. Bizarre, nous étions identifiés sur une vidéo que nous n'avions pas publiée. Elle provenait d'un compte que nous ne connaissions pas, nous devions la visionner. Une personne nous avait filmés à notre insu lors de notre virée parisienne avec nos amis.

« Tenez, regardez ça, la connasse et les connards de TikTok… » Les insultes de cette femme n'étaient pas le pire, c'était le ton qu'elle employait, il était plein de haine et elle nous disait clairement : « Je vous ai vus, je vous ai insultés et vous ne m'avez même pas remarquée… » Elle devait avoir entre trente et quarante ans, son âge était indéfinissable tant sa voix était rocailleuse et gorgée de venin. Marving avait l'habitude de me rassurer avant que ces commentaires ne m'atteignent, mais à cet instant, il était choqué lui aussi et ne pipait mot. La malveillance à notre égard venait de franchir un cap : elle attaquait maintenant notre vie privée. Constatant que Marving restait muet, je me suis levée du canapé et me suis retrouvée devant le miroir.

Je me détaillais tout en le voyant en arrière-plan et je me disais : « Qu'est-ce qui cloche chez nous ? Pourquoi déclenchons-nous autant de réactions négatives ? Est-ce à cause de notre comportement ? De notre physique ? » Je suis restée dix minutes comme ça, à regarder notre reflet dans la glace, sans trouver de réponse.

Marving est venu me rejoindre et m'a enlacée.

– N'oublie pas, nous sommes plus forts que ça.

– Tu peux me dire ce que tu veux… J'ai bien vu que tu étais choqué toi aussi.

– Bien sûr que je l'étais, mais ça passe quand on s'en donne la force.

J'allai me coucher déprimée. Nous passions une si belle journée, je ne pouvais pas concevoir qu'elle s'achève de cette façon. Pas un jour ne s'écoulait sans un événement de ce genre. Je me demandais ce que nous avions bien pu faire pour être sans cesse attaqués.

Au moment d'éteindre mon téléphone pour dormir, j'ai reçu un message de ma fille aînée.

« Maman, tu as vu tous les commentaires négatifs sur toi ? »

Ce texto m'a achevée, je n'avais pas le courage de lui répondre et de faire semblant que tout allait bien. Je ne voulais que dormir.

*
* *

Nathalie a enfin rejoint les bras de Morphée. Je me suis lové contre elle pour lui apporter tout mon réconfort. Cette soirée a été difficile pour elle, mais je me doutais qu'il y en aurait d'autres. Je ne voulais pas qu'elle flanche maintenant, elle pouvait s'appuyer sur moi en toutes circonstances. Pour préserver notre amour, je serais plus fort que tout. Le sommeil allait lui faire du bien, elle était épuisée. Nous pourrions en reparler plus calmement le lendemain.

Je n'avais pas encore fermé un œil quand j'ai entendu que l'on sonnait à l'Interphone. J'ai regardé l'heure : il était 4 h 15 ! La sonnette a retenti une nouvelle fois, j'avais peur que Nathalie ne se réveille… Trop tard, elle s'est levée d'un bond !

– Qui peut sonner à cette heure ?

– Rendors-toi, je vais voir.

Avec appréhension, je me suis rendu dans l'entrée et ai décroché.

– Oui, qui est-ce ?

– Police, ouvrez-nous !

Police ? Mais que pouvait-il bien se passer ?

– C'est ouvert, vous pouvez monter.

J'attendais derrière la porte d'entrée quand Nathalie est venue me rejoindre, fatiguée, inquiète et les cheveux en bataille.

– Pourquoi la police vient-elle chez nous en pleine nuit ?

– Je ne sais pas, on va voir.

Deux minutes se passent, puis cinq, puis dix… Je ne comprenais plus rien. Je suis descendu, il n'y avait personne.

– Va te recoucher, quelqu'un a dû vouloir nous faire une blague.

– Une blague ? Tu as rigolé, toi ?

Elle était sur les nerfs lorsque nous sommes retournés au lit. J'espérais une nuit réparatrice, visiblement il n'en serait rien. Nous nous sommes pourtant réveillés tôt le lendemain, un réveil doux et affectueux, mais silencieux et préoccupé. Nathalie et moi avions des cernes et du mal à retrouver le sourire malgré son jus d'orange pressée qui me donnait du peps chaque matin.

– Ma chérie, arrête avec ton téléphone.

Elle scrollait frénétiquement. Je me doutais bien que ses découvertes n'avaient rien de positif.

– On nous insulte encore sur notre différence d'âge. Tout le monde dit que je suis ta mère et que notre couple ne va pas durer.

– Qui tout le monde ?

– Tout le monde !

– Mais non, tu exagères, arrête de lire ces saloperies.

– Ces saloperies ? Et s'ils avaient raison ?

– Qu'est-ce que tu racontes ?

– C'est évident, tu vas forcément te lasser de moi ! Je suis trop vieille pour toi !

– N'importe quoi ! Ce sont eux qui sont trop vieux dans leur tête !

– Je me demande s'il ne faudrait pas tout arrêter.

Elle commençait à me faire peur.

– Arrêter quoi ?

– Nous, notre relation et tout ce qui va avec !

– Mais qu'est-ce qui te prend ? Tu ne vas quand même pas te laisser déstabiliser ?

– J'en ai marre de la haine, j'en ai marre des insultes, marre de me faire réveiller à 4 heures du matin par des tarés ! Marre de toutes les conséquences de ma décision !

Elle s'est levée d'un coup et s'est mise à hurler, je ne parvenais pas à la calmer. Mes mots, mes approches… elle refusait le moindre geste de ma part.

– Arrête, laisse-moi et va te trouver une petite jeune. Il vaut mieux que tu le fasses maintenant plutôt que dans deux ans.

– Mais je n'ai aucune envie de te laisser, c'est toi que je veux, tu ne l'as pas compris ?

Elle a saisi à nouveau son téléphone en le tournant vers moi :

– Mais regarde, regarde tout ça ! Ces insultes, ces jugements, tu n'as pas envie que tout ça s'arrête ? Trouve quelqu'un de ton âge et nous n'aurons plus aucun problème !

Je ne l'avais jamais vue comme ça. Elle pleurait et criait en même temps, elle était à bout de nerfs. Nous nous disputions parfois, comme tous les couples, sauf que le motif était toujours le harcèlement que nous subissions sur les réseaux. Pourtant, là, j'étais complètement démuni face à sa colère. Je voulais la faire revenir à la raison, j'ai réussi à lui attraper la main pour la tirer vers moi. Elle me rejetait, j'insistais, je sentais les larmes me monter aux yeux, mais je devais rester solide face à elle. Je suis finalement parvenu à la coller contre moi, mais elle ne lâchait pas son portable, j'ai tenté de le lui saisir, elle ne voulait pas.

– Laisse-moi, Marving, j'arrête tout et je supprime tous mes comptes.

Ces derniers jours, elle m'appelait son « bébé dada », son « ange », son « amour », pas Marving. La situation était en train de dégénérer. J'essayais d'adopter un ton plus autoritaire pour qu'elle m'écoute enfin.

– Nathalie, calme-toi ! Bon sang ! Après tout ce qu'on a vécu, tu veux vraiment tout arrêter ? Elle est où, ta nouvelle vie ? Celle que tu t'es promise ? Celle que tu as promise à tes filles ? Et à moi ? Va jusqu'au bout ! Ne te laisse pas avoir par tous ces cons, tu vaux mieux que ça ! Et tous ceux qui t'aiment valent mieux que ça ! Elle est où, ma lionne ?

– Je ne suis pas une lionne ! Je n'en peux plus de tout ça ! Tu n'as pas compris ? Personne n'a envie qu'on soit heureux ! Les gens insultent notre relation, ils nous détestent, ils me détestent.

Ses yeux étaient si embués que je n'en voyais plus la couleur. Mon cœur était en mille morceaux, mais il était hors de question que je lui montre et encore moins que je la laisse partir. Son état de nervosité est arrivé à un point tel qu'elle s'est laissée tomber par terre, en larmes. Elle n'avait plus de mots. Je me suis assis à côté d'elle et je l'ai prise dans mes bras. Je lui caressais les cheveux, au rythme de ses sanglots qui s'apaisaient.

– Mon amour, on va se battre. Nous sommes faits pour être ensemble, tu es faite pour ce métier. Si on est ensemble, tout va bien se passer, je t'en fais la promesse. Je t'ai toujours dit que je prendrais soin de toi et de tes filles, c'est mon principal objectif aujourd'hui. Fais-moi confiance. Je sais que c'est dur, mais ça va passer et nous rendre plus forts. Ce n'est qu'une étape, crois-moi.

Elle était enfin réceptive à mes mots. Elle s'est blottie contre moi, en position fœtale, elle lâchait prise. Je ne savais pas si nous avions passé le plus dur, mais je l'en persuadais. L'amour devait être plus fort que tout.

– 11 –

J'étais vide… Je n'arrivais plus à penser correctement, j'avais l'impression de m'être perdue. Peut-être avais-je été trop authentique, trop sincère. J'étais si heureuse… Je voulais simplement partager mon bonheur avec mes abonnés, ceux que je pensais être mes alliés.

Oui, j'étais l'ombre de moi-même ce matin-là, j'avais du mal à remonter la pente. Être la cible d'attaques gratuites alors que je n'avais jamais offensé personne… C'était trop pour moi, je n'y comprenais rien, cela n'avait aucun sens. Marving ne cessait de me répéter que j'étais une lionne, pas une brebis, mais je n'y croyais plus. Je pensais m'être libérée de mes chaînes et m'apercevais qu'il y avait un prix à payer. Et il était bien trop élevé pour moi.

Je me suis préparée comme si j'étais équipée d'un radar automatique. Je ne m'apercevais pas vraiment de ce que je faisais, je voyais le fil TikTok défiler, m'empêchant de me maquiller face au miroir. Marving m'attendait dans l'entrée, il était fin prêt pour m'accompagner récupérer les filles à la gare. Je le regardais, je l'admirais. Il restait fort, solide pour moi, je savais pourtant que cette situation devait particulièrement l'ébranler. Sa droiture me faisait culpabiliser. Je savais tout ce qu'il avait vécu plus jeune. Rien que pour cela, je n'avais pas le droit de me laisser aller. Il était la preuve qu'on pouvait surmonter ce type d'épreuves et en sortir grandi. Son amour était un repère pour moi, tout comme l'amour de mes filles. Dans quelques minutes, j'allais pouvoir les serrer contre moi et peut-être même rire à nouveau.

– Mon ange, pardon pour tout à l'heure, j'étais à bout.

– Je le sais, mon amour. Ne t'inquiète pas, ça va aller. On va passer un super week-end avec les puces, d'accord ?

J'esquissai un sourire avant de le suivre. Il était vraiment adorable et semblait pouvoir gérer n'importe quel événement. Je devais me laisser porter tout en m'assurant de ne jamais devenir un poids pour lui.

La mine enjouée de mes filles lors de nos retrouvailles a fini de me consoler. Elles et moi étions un bloc, elles étaient mon tout. J'étais comblée de les voir si heureuses de retrouver Marving. Cette scène à la gare n'aura duré que quelques secondes, mais elle était porteuse de tellement d'espoir. De retour à l'appartement, la vie reprenait son cours. Nous avons mis de la musique et avons dansé tous les quatre jusqu'à être essoufflés. Nous avons passé un peu de temps pour les devoirs, tout le reste n'était que détente et amusement, cela nous faisait un bien fou. Nous avons même reposté quelques vidéos avec elles, certains que notre joie serait communicative. Puis on dit bien que, lorsque l'on est tombé de cheval, il faut remonter au plus vite…! Nous avons cuisiné toutes les trois dans la bonne humeur, elles m'ont raconté leurs vies… Enfin, surtout ma benjamine. Ma grande, malgré ses bonnes intentions, me semblait fatiguée et amaigrie. Je percevais un problème, mais elle semblait n'avoir aucune envie de m'en parler. J'étais au courant de ses soucis à l'école, j'en avais discuté avec son père, mais je voulais que cela vienne d'elle, qu'elle se rappelle qu'elle pouvait tout me dire. Alors que l'ambiance était aux confessions lors du dîner, j'ai tenté une approche.

– Tu ne manges pas ?

– Je n'ai pas très faim.

– Tu as un problème dont tu aimerais que l'on parle ?

– Non, je n'ai rien.

– On est entre nous, si tu veux discuter, on peut tout entendre.

– Laisse-moi, je te dis que je n'ai rien.

Elle a aussitôt quitté la table, nous laissant tous les trois, inquiets. Je m'adressais alors à sa petite sœur.

– Que se passe-t-il ?

– Elle ne se sent pas très bien en ce moment.

– C'est l'école ?

– Un peu, oui. Elle n'arrive plus à y aller sans avoir une boule au ventre. En plus, elle ne voit plus ses copines et elle pleure souvent.

– Pourquoi ne veut-elle pas m'en parler ?

– Parce qu'elle préfère passer de bons moments avec toi, vu qu'on ne te voit que tous les quinze jours…

Cette phrase m'a atteinte en plein cœur. Je sentais mon petit bébé triste et ne pouvais m'empêcher de penser qu'elle subissait le contrecoup du divorce. Elle avait complètement loupé son année de troisième et je ne pense pas exagérer en disant qu'elle souffrait de phobie scolaire. Marving a tout de suite compris ce qu'il se passait dans ma tête.

– Tu me laisses aller lui parler ?

– Si tu penses avoir les mots…

Je restais donc en tête à tête avec ma petite.

– Et toi ma puce, tu vas bien ?

– Bah oui maman, je te le dis tous les jours en Facetime !

– Je le sais, mais en vrai, c'est plus facile de se confier.

– À part que tu me manques, ça va.

– Tu me manques aussi ma chérie, vous me manquez très fort toutes les deux.

– Alors peut-être que je pourrais venir vivre avec vous ?

– Ce serait un bonheur, mais j'ai peur que ta sœur te manque et inversement.

Elle a réfléchi un instant avant de reprendre.

– Alors on pourrait peut-être venir toutes les deux ?

– Je ne demande que ça et Marving serait d'accord, mais c'est une grande décision. Je ne veux pas vous priver de votre vie à Guénange, réfléchissez bien et on en reparlera. En tout cas, vous pouvez être sûres qu'on fera tout pour que vous soyez heureuses ici si vous choisissez de nous rejoindre.

*

* *

La fille de Nathalie n'allait pas bien. J'ai reconnu cette détresse, je la connaissais bien, elle m'avait collé à la peau pendant tant d'années, j'étais quasiment sûr de pouvoir la réconforter. Nous avons marché tous les deux pendant des heures dans les rues, je voulais qu'elle évacue son mal-être, elle avait peur de parler. Je pouvais l'aider, nous étions une famille maintenant, et je n'avais aucune intention de la lâcher. Ce scénario s'est répété plusieurs fois, pendant de nombreux week-ends et, au fil de nos discussions, j'ai senti qu'elle reprenait confiance en elle et en la vie.

Nathalie aussi retrouvait le sourire, le vrai, le sincère, celui que j'aimais plus que tout. Désormais, elle se concentrait sur la famille, sur notre couple et devait aussi en parallèle mener de front sa nouvelle mission d'influenceuse. Je la trouvais plus épanouie et moins impactée par les messages des *haters*, du moins, c'est ce qu'elle montrait. Elle se rassurait avec les commentaires bienveillants de ses abonnés. Les autres, nous les laissions de côté autant que faire se peut.

Un dimanche, nous avons décidé de revenir à Guénange en voiture avec les filles, nous devions aller déjeuner chez la mère de Nathalie. Nous étions ravis d'avoir des activités de famille « normale ». Nathalie a voulu partager sa joie au travers d'une vidéo alors que nous étions en route, dans la bonne humeur. Soudain, elle s'est tue puis a poussé un cri d'effroi en regardant son téléphone. Je connaissais ce ton, je savais ce qu'il signifiait. Un profil que, évidemment, nous ne connaissions pas s'était permis un commentaire absolument odieux : « J'espère qu'ils vont se crasher en voiture… »

C'était la goutte d'eau. Une sorte de menace de mort. Ce n'était pas la première mais, cette fois, les enfants de Nathalie étaient avec nous. C'était trop. Insupportable. Elle était sidérée tandis que moi, je m'empêchais de penser, je devais tenir le coup pour elles trois.

*

*   *

J'étais tétanisée par la violence de ces propos. Comment un humain pouvait-il souhaiter la mort d'un autre humain ? Et comment pouvait-on dire cela à une maman et ses enfants ? Mon cœur de mère venait d'être broyé. Cela ne s'arrêterait donc jamais ? Pour un choix de vie de ma part, certains voulaient ma mort…

Pas de crise d'hystérie cette fois, j'essayais de garder la tête froide au côté de Marving. Mes filles étaient à l'arrière et la fin du trajet se déroula dans le silence, j'étais choquée. De temps à autre, Marving me mettait la main sur la cuisse pour me réconforter discrètement, mais rien n'y faisait, je ne parvenais pas à penser à autre chose. Je me demandais réellement si j'étais faite pour cette vie, je n'avais pas les épaules pour tant de méchanceté. Éponger la frustration des autres, très peu pour moi, je voulais juste être tranquille. Nous nous sommes garés devant chez ma mère, Marving m'a fait un gros câlin avant d'entrer et m'a fait prendre une profonde inspiration. Je pensais à mes séances de yoga : « Faites entrer l'air dans votre corps et rejetez ce qui n'est pas bon pour vous. » Je me sentais légèrement mieux, cependant mes mains tremblaient encore.

Ma mère semblait aux anges de nous accueillir, je la voyais faire une longue accolade à Marving pour lui dire bonjour. Il semblait parfaitement intégré dans la famille. Elle avait compris qu'il me rendait heureuse, c'était tout ce qu'il lui fallait. Elle n'avait de cesse de me répéter qu'elle le trouvait gentil avec moi et attentionné. Devant tant de compliments, je retrouvais peu à peu foi en l'avenir. Je me suis mise quelques minutes en retrait, spectatrice de cette belle cohésion familiale. C'était émouvant. Assise sur une chaise au bout de la pièce, je voyais mes filles rire aux éclats des blagues de Marving, et ma mère était radieuse. Chacun semblait être à sa place, j'aurais aimé suspendre ce moment, je tentai d'en prendre une photographie dans ma tête. Dans quelques minutes, j'allais devoir conduire mes enfants chez leur père, je n'allais pas les revoir avant deux semaines. C'était toujours aussi difficile de les quitter, cette fois-ci peut-être davantage. Même Marving a eu du mal à les laisser partir ce soir-là…

Sur le chemin du retour, nous sommes restés sans parler un bon quart d'heure, puis il s'est adressé à moi, il me sentait à fleur de peau. Je ne pouvais lui cacher aucune de mes émotions.

– Ça ne va pas ?

– Je ne sais pas trop…

– C'est à cause du message de tout à l'heure ?

– Non, je ne crois pas…

Le silence se fit à nouveau. Je voyais Marving les sourcils froncés, il réfléchissait. Je n'avais pas le courage de parler, mon cœur était plein de mélancolie. J'aurais pu pleurer pour un oui ou pour un non. Je vivais quelque chose d'extraordinaire avec lui, je ne regrettais pas ma décision, mais je ne me sentais vraiment complète que lorsque mes filles étaient avec nous. J'étais sûre de pouvoir tout affronter, les méchancetés sur les réseaux, les menaces, si nous étions tous ensemble, d'un seul bloc, comme ces deux derniers jours. À quelques kilomètres de Chantilly, Marving m'a sortie de mes pensées en employant un ton particulièrement déterminé.

– J'ai bien réfléchi. Je crois qu'il est temps de prendre les choses en main.

– De quoi tu parles ?

– Des filles. Clairement, tu souffres de leur absence, et moi, j'adore quand on est tous les quatre. J'ai juré de prendre soin de toi et d'elles aussi, je l'ai même dit à ton ex-mari.

– Qu'est-ce que tu lui as dit ?

– Qu'il n'avait pas à craindre de voir tes filles avec nous et que je ferai mon possible pour que tout se passe bien et que vous soyez heureuses. Tu sais, mes relations avec lui se sont vraiment apaisées. C'est peut-être le bon moment pour leur proposer officiellement de vivre avec nous.

– Oh ! mon ange, ce serait merveilleux !

– Au-delà de ça, ce serait logique. Tu leur manques beaucoup, elles ont du mal à gérer ton absence, et leur père travaille tellement qu'elles se sentent sûrement un peu seules.

Mes yeux brillaient en le regardant, il était sûr de lui, bien plus responsable que la plupart des quadragénaires que je pouvais connaître. Comment pouvait-on nous faire un procès sur notre différence d'âge alors qu'il se montrait si mature ? J'avais à côté de moi un vrai chef de famille. Quelque chose était en train de se passer, ici, dans cette voiture, notre relation prenait une autre dimension, plus profonde encore. À peine arrivée chez nous, je me précipitais sur mon téléphone pour raconter à mes filles la conversation que je venais d'avoir avec Marving, je la nuançais toutefois pour ne pas trop les influencer.

– Je vous le répète, les filles, c'est à vous de choisir, nous ne vous imposerons rien. C'est une décision difficile à prendre, je veux juste que vous sachiez que, pour nous, il n'y a aucun problème. Nous serions très heureux de vous avoir avec nous mais nous ne le prendrons pas mal si vous préférez rester à Guénange. C'est à vous de voir.

– On y avait déjà pensé, maman, on s'est souvent dit que ce serait une bonne idée.

Je raccrochais, pleine d'espoir, j'étais apaisée. Dans ma tête, toutes les pièces du puzzle étaient en train de s'assembler, j'étais plus forte.

Quelques jours plus tard, elles nous ont appelés en visio.

– Maman, Marving... Votre proposition tient toujours ?

Nous avons explosé de joie ! Marving était aussi heureux que moi ! Nous étions excités comme des puces et avons envisagé toutes les possibilités de l'appartement pour leur préparer un petit nid douillet. Je me suis renseignée sur les écoles aux alentours susceptibles de les accueillir et sur l'éventualité des cours par correspondance. Quand les choses vont dans le bon sens, on trouve une solution à tout ! Dans quelques jours, nous allions enfin être tous les quatre, et pour de bon cette fois.

Mon euphorie est toutefois retombée quand j'ai vu le nom de mon ex-mari s'afficher sur mon téléphone. J'ai lancé un regard à Marving, pas de doute, il ne m'appelait pas pour prendre des nouvelles... En effet, il était très en colère.

– Pourquoi tu fais ça ? Tu veux me les enlever ?

– Pas du tout, c'est leur choix, leur décision.

– Elles sont très bien avec moi, je ne veux pas qu'elles partent !

– Je sais que cela se passe bien entre vous, mais elles ont besoin de leur maman comme j'ai besoin d'elles. Elles viendront avec toi le week-end, quand tu ne travailleras pas.

Mon dernier argument semblait l'avoir convaincu. Je suis restée calme, j'ai insisté sur le fait que je pourrais m'occuper d'elles comme avant et que je n'avais pas les mêmes contraintes professionnelles que lui. Il ne pouvait qu'acquiescer, c'était pour le bien des enfants et, s'il y a bien un point sur lequel nous avions toujours été d'accord, c'était sur l'éducation de nos filles.

L'attente de leur arrivée me semblait interminable, je ne tenais pas en place ! J'avais besoin de me défouler, je sautais partout comme une petite fille. Mes positions de yoga ne parvenaient pas à me calmer, j'avais de l'énergie à revendre.

– Tu as besoin de te défouler ma chérie, non ?

– Oui !

– Va te changer, je t'emmène au karting !

Alors ça, c'était typique de Marving. Au moindre coup de stress, il s'offrait quelques tours de piste, il m'a entraînée dans sa passion. L'espace de quelques minutes, nous oubliions tous nos soucis, nous nous vidions la tête et sortions de là complètement rincés, mais avec le sourire ! C'était dingue, j'avais l'impression de le connaître depuis toujours et réciproquement. Il savait toujours quoi faire au bon moment pour me détendre, me motiver. Il était mon roc, mon autre, celui que j'avais toujours attendu. Un tremblement de terre, un tsunami, une tornade, rien ne me paraissait insurmontable à son côté, je me sentais intouchable. D'ailleurs, il est clair que si j'avais été seule face à toute cette malveillance virtuelle, j'aurais tout arrêté. Sans lui, je n'aurais jamais eu le courage ni la force de supporter toutes ces attaques. Je ne serais même plus sur les réseaux à l'heure qu'il est, j'aurais probablement repris mon ancien travail. Il m'a permis de changer, de grandir, d'évoluer, de m'écouter, de devenir une femme à part entière, je ne le remercierai jamais assez pour cela…

Le grand jour est enfin arrivé. Marving et moi sommes arrivés avec une bonne demi-heure d'avance à la gare. Les gens nous regardaient, je ne pense pas que c'était parce qu'ils nous reconnaissaient, mais plutôt parce que nous étions radieux, souriant à nous en décrocher la mâchoire. Elles nous ont vus au loin et se sont mises à courir comme des folles, chargées de leurs sacs imposants. Arrivées à la voiture, elles ont tout lâché pour sauter dans nos bras. C'étaient les plus belles retrouvailles que nous avions jamais vécues. Encore une nouvelle vie qui commençait, pour nous quatre. Nous étions tellement enthousiastes que nous n'arrêtions plus de parler, c'était un véritable poulailler dans le véhicule, je me demandais comment Marving arrivait à se concentrer sur la route ! Elles ont posé leurs affaires en vrac sur le sol du salon, elles ne pensaient pas à découvrir ou à installer leur nouvelle chambre, elles voulaient simplement être avec nous et profiter, et cela nous allait très bien ! Elles ont appelé leur père pour lui dire qu'elles étaient bien arrivées, la colère était passée, il semblait sincèrement heureux pour elles et a même demandé à nous parler, à Marving et moi. J'étais touchée de constater qu'ils s'entendaient bien à présent, j'assistais à la naissance d'une amitié. Chacun avait finalement trouvé son compte dans cette situation inédite, cela devait être ça, l'harmonie… En tout cas, cela y ressemblait beaucoup.

Nous nous sommes laissé une petite semaine de battement pour prendre nos marques dans ce nouveau quotidien. Nous avons organisé le programme des cours par correspondance, les filles étaient studieuses, souriantes, elles semblaient si épanouies. Les paroles de Marving ont eu un impact considérable sur mon aînée, elle semblait aller bien, elle avait retrouvé le goût de la vie et tout son entrain. Tout allait donc pour le mieux et, comme une vraie famille, nous nous apprêtions à célébrer les fêtes de fin d'année ensemble. Les décorations, le sapin, les illuminations, l'odeur des biscuits épicés, tout y était ! Notre vie était joie et musique, nous adorions faire des vidéos TikTok pour partager notre bonheur. Nos détracteurs ? Nous n'en avions plus rien à faire ! Personne ne pouvait altérer ce que nous ressentions, nous étions comblés !

C'était étonnant de voir comment les choses rentraient dans l'ordre. Nous recevions des messages surprenants de certaines personnes qui avaient pour habitude de nous insulter au début de notre relation.

« Je voulais vous dire à quel point j'étais désolé de vous avoir dénigrés. Je me suis trompé, vous êtes un très beau couple, et visiblement, vous êtes faits pour être ensemble, je vous souhaite tout le bonheur du monde. »

Nous en avons reçu des dizaines de ce type. De telles attentions nous redonnaient foi en l'humanité. C'est beau de savoir s'excuser. Certaines personnes nous arrêtaient également dans la rue pour nous féliciter de cette réussite.

La situation semblait réellement s'arranger et nous pouvions enfin vivre notre histoire à fond. Bien sûr, nous recevions toujours des critiques et quelques insultes, mais elles nous touchaient moins. Nous étions-nous habitués à la méchanceté ? Étions-nous plus forts ? Il nous faudrait encore un peu de recul pour avoir les réponses à ces questions. En attendant, nous ne pensions qu'à profiter de notre félicité. Il était temps de reprendre contact avec les personnes qui nous avaient tourné le dos lorsque nous nous étions unis. Une en particulier.

Ma belle-sœur, la femme de mon frère, que j'aimais beaucoup. Nous nous racontions tout, étions très complices, je voulais retrouver notre amitié.

Alors que nous partions tous les quatre pour Noël à Guénange, j'ai pris mon courage à deux mains et je lui ai envoyé un message pour prendre des nouvelles. Sa réponse était claire : « Tu n'es plus Nathalie, tu es *Loukaki24*, cela ne m'intéresse pas de parler avec toi. » Je l'ai finalement croisée lors d'un déjeuner familial, nous n'avons pas vraiment échangé, l'atmosphère était un peu tendue, mais elle n'était pas aussi froide que je ne l'imaginais. Elle m'a vue heureuse avec Marving, je me suis dit qu'au fond d'elle, elle devait être contente pour moi. Là encore, il faudrait du temps pour que les choses s'arrangent, mais je gardais espoir…

D'ailleurs, qui aurait cru quelques mois auparavant que mon ex-mari nous inviterait tous les quatre pour partager un couscous ? C'est pourtant bien ce qui s'est passé et c'était génial. Lui et Marving se lançaient même des *frérot* à tout bout de champ.

Ce que nous étions en train de vivre était magnifique, tout mon corps était empli d'émotions diverses. Mes filles riaient avec leur père et avec Marving, nous étions tous très complices et… ce que mon ex-mari avait cuisiné était très bon !

À la fin du repas et entre deux éclats de rire, mes filles sont venues vers moi pour me faire un câlin.

– Maman, on est trop contentes que cela se passe aussi bien.

– Nous aussi ma puce, nous aussi…

– 12 –

Nos premières vacances de Noël en famille ont été mémorables et porteuses de beaucoup d'espoir pour la suite. Travail, mariage, bébé… Nous nous autorisons désormais tous les projets. J'ai à cœur de prendre soin de ma nouvelle petite famille que j'aime plus que tout. Lorsque les enfants de Nathalie sont venues nous rejoindre, j'ai voulu leur offrir le meilleur. J'ai passé des nuits entières à consulter les annonces immobilières pour nous trouver une maison pour nous quatre, un écrin pour notre bonheur. Nous nous sommes offert un havre de paix à notre image, simple mais débordant d'amour et d'affection. C'est notre cocon. Chaque jour nous nous soutenons, nous nous relevons, nous nous aimons.

Le symbole de notre nouvelle vie se trouve actuellement sur l'annulaire de Nathalie. Je lui ai demandé sa main il y a un peu plus d'un an, le jour de mon anniversaire, devant une grande partie de sa famille. C'était tout naturel, à tel point que le jour J, j'avais même oublié d'acheter la bague ! Cette promesse était la juste continuité de tout ce que nous avions déjà traversé. Elle ne le dit pas, mais je sais qu'elle s'y attendait, nos fiançailles coulaient de source, nous nous sommes trouvés. Je veux qu'elle devienne ma femme, je veux construire une famille, qu'il y ait vraiment quelque chose qui nous relie officiellement. Je souhaite aussi représenter quelque chose pour ses filles, mes belles-filles, que je ne remercierai jamais assez de m'avoir accepté.

Voilà, nous en sommes là. La vie est dure mais on choisit ses combats. Nous sommes heureux aujourd'hui, même si le chemin a été long… Nous savons pertinemment que nous connaîtrons toujours des embûches, des obstacles en tout genre, mais nous les surmonterons ensemble. Le destin nous a réunis pour affronter les duretés de la vie tous les deux, l'amour rend tout possible.

C'est ce que j'aimerais que vous entendiez, très chers lecteurs. Après la pluie vient le beau temps. Il y a toujours de l'espoir, il suffit de retirer ses œillères, de s'ouvrir au monde, d'être tolérant. L'amour se trouve parfois là où on ne l'attend pas, il peut vous tomber dessus comme ça. Il y a encore quelques années, je n'aurais jamais imaginé être avec une femme plus âgée que moi, je n'aurais pas non plus pensé être un beau-père comblé. Je pensais vraiment qu'une vie de couple se construisait entre deux personnes du même âge, ou presque.

Je suis fier de vous parler de mon exemple. J'ai eu beaucoup de misères dans ma vie, c'est aujourd'hui mon tour d'être heureux, épanoui, soutenu. Je me sens fort, physiquement et mentalement, plus aucun commentaire négatif ne pourra m'atteindre. J'aime ma future femme, j'aime mes belles-filles, j'aime ma routine. La vie réserve tant de surprises, elle vous en offrira des milliers, à vous aussi, si vous lui faites confiance.

*

* *

Quant à moi, Nathalie ou *Loukaki24* si vous préférez, j'ai réussi à faire confiance à la vie grâce à Marving. Je l'ai dit maintes fois dans ce livre, il a été mon déclic. Je suis fière également de vous avoir transmis mon histoire et nous espérons tous les deux qu'elle vous rendra service. Tout le monde a droit au bonheur et à l'harmonie. N'ayez pas peur de la différence, quelle qu'elle soit. On aime un cœur, pas un sexe ni un chiffre. Si vous saviez les messages que je reçois chaque jour… Des hommes, des femmes qui n'officialisent pas leur relation parce que leur compagnon ou compagne sont bien plus âgés ou plus jeunes… Mais qu'est-ce que cela peut faire ? Voulez-vous vraiment prendre le risque de passer à côté du bonheur parce que vous n'entrez pas dans le moule ou ne respectez pas les codes ? Je me suis souvent posé ces questions, moi aussi, et je peux vous l'assurer aujourd'hui, j'ai pris la meilleure décision de ma vie. Malgré les quatorze ans qui nous séparent, malgré le harcèlement, les insultes, je ne regrette rien. Et si je devais recommencer, j'agirais exactement de la même manière.

La vie est courte… Si vous n'êtes pas à l'aise dans une relation, si vous avez l'impression de ne pas avancer, rien ne sert de s'acharner, croyez-moi. J'ai tout tenté pour sauver mon mariage, mais ça ne pouvait pas fonctionner car je n'étais tout simplement pas à ma place. Rester « pour les enfants » n'est pas un argument. C'est un prétexte, une façon de se protéger et de ne pas passer le cap, celui de sauter dans le vide, d'entrer dans l'inconnu. Il ne faut pas avoir peur et encore moins tenir compte du « qu'en-dira-t-on ». Oui, c'est plus facile à dire qu'à faire, mais cela vaut le coup.

Il y aura des difficultés. Vos proches, votre famille, vos amis et même des gens que vous ne connaissez pas vous demanderont de rendre des comptes. Si l'on m'avait dit auparavant tout ce que j'allais devoir affronter, j'aurais eu peur de me lancer ! Mais si vous saviez ce qui vous attend à la clé… Heureusement, finalement, que l'on ne peut pas savoir de quoi demain sera fait. Faites sortir la lumière qui est en vous. Chaque matin, je me regarde dans la glace et je me vois changée, je rayonne, je brille parce que c'est à l'intérieur que je suis belle, épanouie, comblée. Vous aussi vous y avez droit, on se fiche de l'âge, de nos casseroles, de nos vies passées, le plus important, c'est l'amour.

Des situations que l'on croit perdues peuvent évoluer. J'ai des frissons quand ma fille vient me voir pour me dire que si cela devait se terminer avec Marving, elle ne s'en remettrait pas car il est plus qu'un beau-père pour elle, il est comme un « deuxième papa ». Vous avez pu constater à travers cette lecture que, quelques mois auparavant, ce n'était pas gagné ! Il faut toujours y croire, l'amour vous portera là où vous devez être et il vous aidera à tout surmonter, comme une lanterne éclairant votre chemin ou un ange gardien.

Mon ange gardien, c'est Marving. Dans quelques mois, je deviendrai son épouse, je porterai son nom. C'est un honneur pour moi, je l'aime tellement, c'est indescriptible, fusionnel, même si nous veillons à garder nos personnalités bien distinctes. Je n'ai pas peur de me remarier parce que, cette fois, cela sonne comme une évidence. En si peu de temps, nous avons déjà partagé tant de choses… et il nous en reste au moins autant à découvrir.

« Bébé dada » et « Crottin » (il m'appelle comme ça à cause de ma coiffure), Nathalie et Marving, Loukaki et Hazerka, peu importent nos surnoms, noms ou pseudos, tout ce qui nous concerne est empreint d'amour, de sincérité et de joie. J'espère franchement que vous aurez reconnu notre authenticité à travers ces pages, j'espère surtout que vous vous en inspirerez.

N'oubliez jamais que l'amour n'a pas de barrières, pas de limites… Sous toutes ses formes, il vous donnera des ailes. Alors, envolez-vous et faites-vous confiance, personne ne vous connaît mieux que vous-même…

Remerciements

Nous tenons tout d'abord à vous remercier, vous, chers lecteurs, d'être entrés dans notre intimité, nous avons partagé quelque chose de fort avec vous.

Merci à nos chers abonnés qui nous suivent depuis le début.

Merci aussi à ceux qui nous ont critiqués, même insultés, c'est un peu grâce à eux que nous nous sentons aussi solides et déterminés aujourd'hui.

Merci à Julien Dupuis, à l'origine de ce projet qui nous tient tant à cœur. Sans lui, rien n'aurait été possible.

Merci à Margaux Russo et Michel Lafon de croire en nous et d'être touchés par notre histoire.

Merci à Carole Coatsaliou de nous avoir fait rire et pleurer au fil de nos entretiens.

À très bientôt sur les réseaux ou autres supports pour la suite de notre histoire… car ce n'était que le début !

Composition
PRESS·PROD

IMPRIM'VERT® PEFC 10-31-1510

Imprimé en France
par Corlet Imprimeur
14110 Condé-en-Normandie
N° d'imprimeur : 22020301
Dépôt légal : juin 2022
ISBN : 978-2-7499-5008-2
LAF : 3240